此书为国家社会科学基金青年项目“中国建设协会研究（1929—1949）”（项目号16CZS057）与中国博士后科学基金第65批面上一等资助项目“中国建设协会与民国乡村建设”（资助编号：2019M650051）的阶段性成果。

文化传统与社会治理

基于儒家文化与近代山西社会的历史考察

◎杜慧 著

九州出版社
JIUZHOUPRESS

图书在版编目（CIP）数据

文化传统与社会治理：基于儒家文化与近代山西社会的历史考察 / 杜慧著. --北京：九州出版社，2020. 11

ISBN 978-7-5108-9670-5

Ⅰ. ①文… Ⅱ. ①杜… Ⅲ. ①文化史－研究－山西②社会管理－研究－山西 Ⅳ. ①K292.5②D672.5

中国版本图书馆CIP数据核字（2020）第203051号

文化传统与社会治理：基于儒家文化与近代山西社会的历史考察

作　　者	杜慧　著
出版发行	九州出版社
地　　址	北京市西城区阜外大街甲 35 号 (100037)
发行电话	（010）68992190/3/5/6
网　　址	www.jiuzhoupress.com
电子信箱	jiuzhou@jiuzhoupress.com
印　　刷	天津雅泽印刷有限公司
开　　本	710 毫米 ×1000 毫米　16 开
印　　张	11.75
字　　数	182 千字
版　　次	2021 年 1 月第 1 版
印　　次	2021 年 1 月第 1 次印刷
书　　号	ISBN 978-7-5108-9670-5
定　　价	52.00元

序　言

儒家文化源远流长而博大精深，作为中国传统文化的主流，深入人心乃至沦肌浃髓，既然能伴随着中华民族在两千多年的历史上创造过持久的辉煌，那么在历史沦入新陈代谢急骤的近代之后，它就不甘也不会简单地成为传统社会体制覆灭的殉葬品。尽管近代以来的中国由于欧风美雨吹打与西学狂飙突进，社会变迁潮流呈现出“变变变，变亦变，不变亦变”的时代性趋势，但总有一些内具民族性特质的社会文化“万变不离其宗”。儒家文化在中国根深蒂固，其既具有传统历史积淀的相对稳定性与传承沿袭惯性，同时也并非没有与时俱进的内在逻辑发展规律与自我完善机能。面对近代以来中国废除科举特别是清朝覆灭与君主专制体系崩溃这种天翻地覆的历史大变局，儒家文化也不得不改变其社会存在形态，变换其化导社会模式，从退化到变异以至于艰难地走上近代化转型之路，汇入中华文化近代化巨流之中，与此同时，传统儒家文化完成了其现代性改造。

作为中华文化的主流，儒学深远地影响着中国社会的方方面面。

中华民族的民族性格、民族精神或民族心理结构的形成与演变，与儒学的长期影响及精神积淀有着密切关系。在西汉“独尊儒术”确立儒家文化为正统思想后的漫长岁月里，儒家文化对于中国社会的发展、对于陶铸中华民族的灵魂，具有不可替代的独特作用。在近代中国历史上，传统的儒家文化与古老的中华民族存亡兴衰的命运休戚相关。自近代以来，中国处于“三千年未有之大变局”的境遇之中，西方文化潮水般的涌入，中国社会、文化从传统的农业社会向现代工业社会、从传统文化向现代文明急剧转型，儒家文化在近代新的历史条件下面临着空前严峻的挑战，也遇到再生、复兴或现代化转型的机缘。

自近代戊戌维新变法，尤其清末新政时期废科举以后，中国各界就开始了对传统儒家文化的社会批判。清朝覆灭与民国肇兴，特别是因反对君主专制皇权复辟而勃兴的新文化运动，直至20世纪末改革开放以来方兴未艾的“国学热”，海内外学界对孔子、儒家及儒学文化进行了全方位研究，以至于成为此期中国思想史和学术史上最富有特色的部分。综观此前学界对于儒家文化的研究，尤其是对儒家文化近代转型的探索，可以发现学术界的研究大多是从宏观方面着手而偏重于其在政治和伦理层面与中国传统专制主义政体之合离关系的剖析，对儒家文化在中国地方社会治理之个案考察相对缺乏，这对全面、深入和系统研究中国儒家文化的近代化是很不利的。

近代以来，伴随着中国社会的近代化转型与思想解放的历程，传统儒家文化尤其是以儒家伦理道德学说为核心的封建礼教，不断受到近代新文化的冲击与批判。儒家文化与新文化之间不仅存在着冲突、斗争和交锋，也表现为交织、互存和重合。山西省，位于中国腹地的黄河中游，距离自汉迄清以至于民国以儒家文化为“官学”的历代统治中央——西安、洛阳、开封和北京等古都均很近，深受历代儒家官学的影响，再加上其被太行山与黄河缠绕阻隔，对外地理交通与文化交流不便，传统儒家文化便在这里形成相对稳定的社会统治秩序。在晚清历史上，山西和全国其他省域一样承受着儒家文化的传统覆盖与渗透。民国时期，传统儒家文化成为山西执政者推行的独特的社会治理模式的指导思想，儒家传统思想不仅没有被抛弃和破坏，反而从实用理性出发，尤其是与现代民治、自治理念相融合，产生颇具特色的现代化社会治理思想。可以说，儒家文化与近代山西社会结下了不解之缘，但是中国儒学史界、中国近现代史学界和山西地方史志界对此尚未有专题考量，应该强化研究以补阙如。

儒家文化在近代山西的发展表现出其独特的时代性和地域性。晚清时期，在中央政府的推崇下，山西地方政府曾为弘扬儒学制定过一些政策措施，但其落实得如何？效果怎样？至今还不太清楚。晚清时期的山西曾出现过不少像祁寯藻、徐继畬、乔松年这样的著名儒学文人，他们对儒家文化的振兴与弘扬有不同程度的贡献；各种尊儒机构、报刊以及弘扬儒学的言论亦纷纷涌现；晋商更是将儒家文化在商界发挥得淋漓尽致。因此，一度面临危机的儒家文化得以在晚清时期的山西复兴。鉴往知来，翔实考察儒家文化与晚清山西社会以恢复历史的本来面貌，对当今中国各级政府在制定实施文化政策加强社会治理方面有着极强的借鉴意义。

民国时期的山西非常推崇儒家文化，既有传统文化的基因，又有近代文明的影响。主政者将儒家文化传统贯彻到治晋的方方面面，山西省一度成为全国地方自治和乡村建设的典型。其推行的“六政三事”与儒家思想息息相关，不论是发展教育、提倡道德，还是整顿村制，基本上反映了儒家政治理念和伦理道德要求，其中又以村政思想体现尤甚，“公道主义”中的“村本政治”“洗心”“伦理道德”无不折射出其浓郁的儒家文化情结。即使是在抗战时期，山西人民也不忘尊儒，主政者巧妙地借助儒家伦理道德来动员民众进行抗战的准备与努力。民国时期，山西省之所以成为地方自治实行最有效的地方，与山西实行的各项行之有效的社会治理措施分不开，更与山西社会治理的指导思想息息相关。民国初期，山西号称“政治模范省”，被视为乡村建设的典范。1928 年 6 月，南京国民政府将山西乡村自治模式作为楷模推行于全国。这些经验对当今中国治理体系和治理能力现代化建设中合理借鉴优秀文化传统有很大的启示，对积极推进地方社会治理大有裨益。

再者，近代山西的地方传统文化对儒家文化的吸收、借鉴和影响，以及外来文化对儒家传统文化的态度和利用状况也是本书所要考察的一大重点。近代山西地方文化以及外来文化都在不同程度上对儒家文化做了有益的借鉴，同时也为儒家文化的发展注入了新鲜的血液，客观上促进了儒家文化在山西的近代化转型。另外，近代山西的各种社会运动对儒家文化的发展产生程度不同的影响，其中有积极的也有消极的。综观概论，儒家文化在近代山西社会的演进历程中有着耐人寻味的独到体现，探寻儒家文化在民国时期山西的发展路径，不仅可以管窥传统儒家文化在近代中国社会嬗变的历史轨迹，揭示其在近代中国所独具的时代性与地域性，帮助构建文化传统与社会治理的互动机制，而且有利于进一步探究中华优秀传统文化在其他省域乃至整个中国社会治理中的历史命运，以及传统文化与近现代中国社会转型的历史规律，同时对拓展和深化近代山西地方史志研究也具有自不待言的理论意义和学术价值。

对儒家文化的研究是学术界长期以来关注的焦点之一，并获得了相当多的研究成果。从19世纪末至21世纪初的百年来，中国的学术界、思想界与政治界围绕着孔子、儒家及儒学进行了广泛而深入的研究，成为20世纪中国思想史、学术史的有机组成部分，充分展现出学界对儒家文化的研究“热”。目前，学术界对于儒家文化的研究主要是从宏观方面入手，而对儒家文化的区域性个案研究却相对缺乏。清末，随着封建王朝的衰落，一直以来被奉为官学的儒学也随之面临危机，然对于深处内陆的山西而言，儒学并未真正衰亡。但学术界并未对此问题给予足够的重视，尚未有专著对其进行深入、系统而又细致的研究，对晚清山西儒学的研究至今仍是一大学术研究空白。

在资料的发掘与整理方面，20世纪80年代以来与此相关的山西文史资料集，特别是有关民国时期山西的档案资料的整理和出版，呈逐年增多的趋势，但有关近代尤其是晚清山西儒家文化的原始资料迄今仍付诸胭如。因此，笔者曾赴各大档案馆、图书馆搜集到了一大批新发掘的与民国山西社会及儒家文化有关的原始资料，为考察儒家文化与近代山西社会，揭示儒家文化对近代山西社会发展的深刻影响以及儒家文化在近代山西社会治理中的运用和体现，以及由此得出实事求是的历史结论提供了扎实的史料支撑，同时也使论据更为翔实，论点更具说服力。

长期以来，学术界对晚清山西儒家文化的发展特点关注不够，缺乏必要的追溯与梳理，仅在一些相关论文中有所涉及，如张文昌的《浅析山西传统地域文化》与李书吉的《论山西传统文化的现代价值》。虽然学界对民国时期山西执政者与儒家文化的关系偶有论及[①]，但也只是从其倡导的“公道主义”“用民政治”等与儒家文化之关系来认识；其次，囿于主客观条件，学者们对涉及山西儒家文化的官方档案资料的利用度偏低。此外，一些学者在对晋商研究的过程中，亦注意到晋商与传统文化的联系。晋商吸取儒道法兵诸家传统文化精华，在其实际经商过程中，创立了特有的经营之术和货殖文化，也形成了富有强大生命力的儒商精神。葛贤慧的《商路漫漫五百年——晋商与传统文化》（华中理工大学出版社 1996 年）与张正明的《晋商与经营文化》（世界图书出版社 1998 年）是这方面的代表作。代表性论文如刘建生、燕红忠的《晋商与传统文化》（《晋阳学刊》2002 年第 4 期），胡海龙、段愿的《传统文化在我国近代银行业发展中的作用分析——以山西票号和钱庄为例》（《海南金融》2006 年第 4 期）等。

但令人惋惜的是，除上述研究成果中论及儒家文化外，学界至今尚无对近代山西社会与儒家文化的全面、深入而又系统的专题研究。作为对儒家文化传承较好的近代山西尤其是从晚清嘉道年间到新中国成立前的这一时期，儒家文化与近代山西社会的发展有着密切关联，主要体现在儒家文化与近现代山西社会各界，如：晚清中央政府与山西巡抚、晋商、民国时期山西的执政者、抗战时期的民众动员等的关系，及其与近代山西各种政治运动之间的关联。本书分别就晚清与民国时期的山西儒家文化之递嬗流衍、外来文化与山

① 如张文昌的《浅析山西传统地域文化》（《科教文汇》2008 年 1 月下旬刊）、高专诚的《孔子与山西》（《山西社会主义学院学报》2010 年第 3 期）、祖秋红的《“山西村治”所体现的文化问题》（《首都师范大学学报》2003 年增刊）等山西社会治理过程中对儒家文化的运用进行了研究。

西儒家文化的融合、近代山西的儒商、近代山西学术界与儒家文化、民国山西执政者的儒学情节及其在社会治理中对儒家文化传统的运用、近代山西的社会运动与儒家文化等专题进行考察，同时采用思想文化史和社会文化史的视角与方法，综合考察近代山西社会与儒家文化，揭示其精髓，展现儒家文化在近代山西社会治理中的发展节律，探析各种社会力量对儒家文化发展的交叉影响，以期填补关于近代儒家文化区域发展史研究的学术空白，拓展近代思想文化史、区域思想文化史、近代社会史、区域社会史等领域的研究视野。

目录

第一章　儒家文化与晚清山西社会治理…………………………　001

第一节　晚清山西儒家文化广传之因…………………………002

第二节　晚清山西儒家文化的地域性…………………………009

第二章　近代山西儒家文化与其他文化之融合…………………　026

第一节　儒家文化与地方传统文化……………………………027

第二节　儒家文化与外来文化…………………………………039

第三章　近代山西的革命运动与儒家文化………………………　050

第一节　洋务运动与儒家文化…………………………………051

第二节　义和团运动与儒家文化………………………………057

第三节　辛亥革命与儒家文化…………………………………066

第四节　五四运动与儒家文化…………………………………068

第四章　近代山西的儒学文人与尊儒机构……………………… 072
第一节　近代山西儒学文人及其地理分布特点 …………073
第二节　近代山西的尊儒机构 ……………………………084

第五章　民国山西社会治理中的儒家文化……………………… 117
第一节　家长制与强化统治 ………………………………118
第二节　民国山西的吏治 …………………………………136
第三节　民国山西的用民政治 ……………………………145
第四节　民国山西的法制 …………………………………159

结　语……………………………………………………………… 164

参考文献…………………………………………………………… 167

后　记……………………………………………………………… 173

| 第一章 |

儒家文化与晚清山西社会治理

自古以来，“晋民性俗”“人民质朴勤勉”，山西人诚实守信、勇于开拓的品质倍受人称赞。在古代交通不便、社会交往甚少的情况下，山西保有的传统文化特质得以彰显，并在其社会发展中起到积极作用。尽管在鸦片战争后，晋商的衰落使得一些山西人开始变得保守起来，但他们并没有丧失勇于开拓的本色。鸦片战争后，中国开始主动学习西方的坚船利炮等先进的科学技术，沿海及内地平原各省的交通等发展条件得到一定改善，民众的思想观念及行为也在潜移默化地发生着变化。跟其他内陆省份相比，彼时的山西由于地理位置的局限与当地政府的不够重视，导致该省的交通及其他社会发展环境基本没有大的改进，人们的思想仍然守旧落后。因而，在晚清儒学面临危机的情况下，传统儒家文化的踪迹遍布晚清山西社会的各方面。

第一节 晚清山西儒家文化广传之因

晚清时期，随着清王朝封建统治的衰败，儒学发展出现危机。英国殖民者通过鸦片战争用坚船利炮轰开了中国大门，西学因之大量传入，儒学面临新的挑战，在鸦片战争促使中国社会政治经济发生重大变化的同时，传统儒学赖以存在的基础亦被撼动，由此导致儒学危机的出现。为了“应变”和“救时”，儒学自身亦不得不随着时代的变化而变化。[①]那么，晚清时期，儒家文化在山西又会经历怎样的命运呢？

一、统治者的倡导

儒家文化是中国传统文化的主体与核心，对于古代山西人心理、性格、精神的形成和发展都产生了极其深远的影响。近代山西社会处于剧烈变动和整合之中，处在剧烈的社会震荡中的儒家文化，也因此受到各种思想观念的冲突，在面临危机的同时又促成了儒家传统文化的重新整合，由此证明：任何一种重要的文明就像一条长河，并不是一种静态的结构，而是一个动态的过程，一定要与其他很多文明进行复杂的学术沟通。晚清山西的儒家文化虽历尽劫难，却仍然有着坚韧的生命力，一些深受传统儒家文化影响的山西人，为了守住其内心深处的那一份儒学传统，甚至不惜付出生命的代价。

① 参见姜林祥：《中国儒学史 · 近代卷》广东教育出版社，1998 年版，第 119 页。

“山西民性，素称懦弱，维持治安，向较任何区域为易”[①]，在统治者为维护封建专制统治极力宣扬儒家传统文化的努力下，晚清山西的老百姓即使面临死亡的威胁，对统治者的命令依然唯命是从。如在1877年山西大闹灾荒之时，普通老百姓被饿死的现象随处可见，还有一小部分人因为自己是富户而得以免遭这种苦难，但在这样悲惨的灾荒之年里，却没有人去抢富户，“置身于这无所不在的灾难之中，我一直纳闷为什么没有人抢富户。今天这个疑问有了答案：每一个村中都贴了告示，宣布训有令，任何人胆敢行凶抢劫，各村镇首脑有权对抢劫者就地正法。因而犯罪现象出奇地少。大家都听天由命，我唯一看到人流眼泪的场面是在母亲们埋葬她们的孩子的时候。”[②]由此可见，晚清山西的统治者对基层社会的控制是相当有力的，即使身陷水深火热之中，山西民众对统治者依然唯命是从不敢反抗。子曰：“名不正言不顺，言不顺事不成。”（《论语·子路篇》）所谓“正名”，就是要把“君臣父子”的名分关系真正落实到位，不能“犯上作乱”，以使统治者达到“长治久安”的目的。“君君，臣臣，父父，子子”的儒家伦理道德规范受到晚清山西统治者的青睐，用于教化民众、维护统治，现扼举其要：

1. 山西巡抚张之洞创办令德堂

张之洞（1837—1909年），是晚清清流派的健将，洋务运动后期的积极倡导者。他于1880年出任山西巡抚后，把大力宣传洋务运

① 《太原最近之各方面》，《申报》1927年12月。

② ［英］李提摩太著，李宪堂、侯林莉译：《亲历晚清四十五年——李提摩太在华回忆录》，天津人民出版社2005年版，第110页。

动作为当务之急。并于1882年在太原府署之北（今太原实验中学）创办令德堂。就任山西巡抚期间，张之洞致力于儒教复兴，1882年在山西建立了一所新的孔子庙，在庙里配备了各色各样的一整套乐器，同孔子的老家山东的孔庙里的乐器一模一样。

作为传统儒家思想的继承者，张之洞还十分注重地方教养和“风化”。他将“善俗”作为要务之一，在任职湖北、四川学政时，先后主办过经心、尊经等书院，继任山西巡抚后，参加了光绪八年（1882年）的山西乡试，针对贡院破败的情况，拨款大加修缮。在诸多的“善俗”事业中，最有意义的是办“义学”。1884年1月，张之洞筹划推广义学的办法，计划将义学普及到大村建两所、中村建一所、穷村两村合办一所、零散不成村的合办一所的程度，以谋求地方文教事业的普及。

此外，针对山西“士气衰微而废其学”“为苦人才不足”的情况，“光绪九年，学政王同张抚议，仿粤之学海堂、浙之诂经精舍，于通省择诸生才者，专治古学，名曰令德堂。”“令德书院在抚署之西，光绪十一年，巡抚张奏请建。”[①]1882年张之洞在山西设令德堂，“选通省高才生肄业其中，专治经史古学”。令德堂不囿于一家之学，而是汉宋学并重。书院聘请的教师中，主讲《尚书》的杨深秀精通今文经学，杨秋湄则精通算学、史学、地理学。这些人都是主张变通的。令德堂为山西培养了一大批“通省人才”，其中不乏俊秀之士。如杨之培从其父杨秋湄学地理，从杨深秀、吴锡钊学算学，“通中西法”成为令德堂楷模，尤其是杨深秀后来积极投身于变法事业，

① ［清］王轩、杨笃等纂修：《山西通志》卷76，《学制略》下，中华书局1990年版，第156页。

直至献出生命。

令德堂，又称令德书院，令德堂于光绪十年（1884年）建成校舍，订立章程，聘请王轩为校长，张于涛、杨笃、杨深秀（“戊戌六君子”之一）为协理，其讲授内容既有经史、考据、辞章，又有近代科学技术，对培养山西近代早期科技人才和山西儒家文化的弘扬起了积极作用。

令德堂课士，仍为传统书院规制，所延聘山长、分校都是对经史古学造诣颇深的儒生，如主讲王轩（洪洞人）为同治壬戌进士，幼治三礼，习许氏《说文》，于地理学、金石考订颇有成就；协讲杨笃（乡宁人）为同治甲子举人，精三礼，尤专训古。王、杨均为光绪《山西通志》的主要纂修人；协讲杨深秀（闻喜人）为光绪丁丑进士，治朴学，为后来著名“戊戌六君子”之一。

1884年，张之洞饬冀宁道详议令德堂章程六条四十二目（载光绪《晋政辑要》卷23，《礼制·学校六》），举凡延请主讲，编立功课，修缮杂支，书籍购置，课卷日记定式刊印，监院教谕，书役斋夫，巡更杂役之责，均一一议立章程，“以期历久可行”。“初假馆于公所，肄业者三十人，后二年，始奏明别建书院于此。又建四征君祠于讲堂之东，祀傅青主、阎百诗、范彪西、吴莲洋。初定肄业生五十人，续增至七十人。”[①] 令德堂学生最初仅30人，后扩至50人，陆续增至70人，“其后通省人才多出于此”。据载，1885年乙酉乡试，有文能运用许氏《说文》及史学辞章具有根底者皆属令德堂肄业生。值得一提的是，戊戌维新高潮其间，令德堂肄业生增至

① ［清］王轩、杨笃等纂修：《山西通志》，卷76，《学制略》下，中华书局1990年版，第190页。

120人，院长屠任守进行教学改制，添设经济课四门——政治时务、农功物产、地理兵事、天算博艺，令学生任选一门，广览众参。令德堂与时俱进，适应了社会变革的需要。

光绪二十六年（1900年）义和团运动发生后，外籍教士安怀珍、刘博第等强占令德堂为临时教堂，令德堂于是停办，其肄业生后来一律转入新设立的山西大学堂，中学专斋最初的教学内容和方法多承袭令德堂旧制，而山西大学堂创办人之一的谷如墉及教师田应璜、张友桐、董化时等都是令德堂早年的毕业生。

2. 固守儒家节俭的刚毅

固守传统伦理道德、处处力行节俭的山西巡抚刚毅是满族人，历任江西按察使，广东布政使，山西、江苏巡抚，1894年任军大臣，1896年为工部尚书，1898年授协办大学士。义和团运动期间曾被任命为统帅京津义和团王大臣，主张招抚义和团，与列强开战。在担任山西巡抚时，他"是那里最顽固的反对改革的官员。任何涉及花钱的改革措施，都会被他立刻否决，他会说那是对钱的一种浪费，是劳民伤财。在山西，他同那些将古老的天文学和占星术混杂在一起的术士们打得火热。在许多个夏夜，他一边观察星星，一边听他的那些朋友们讲述有关世界的过时了的认识，内容是天体对人类命运的影响。每当接到为士兵演习买子弹的申请书时，他的回复总是，铅子弹太昂贵了，并命令士兵用土块演习"。[①] 在中西文化发生对抗时，刚毅的态度是保守排外的，主张固守中国传统文化，这主要表

① ［英］李提摩太著，李宪堂、侯林莉译：《亲历晚清四十五年——李提摩太在华回忆录》，天津人民出版社2005年版，第240页。

现在他对中国传统占星术的热衷。此外，他之所以否决那些涉及花钱的改革措施，认为那是对钱的一种浪费，从根本上说也是由于他受到中国儒家“克勤于帮，克俭于家”（《尚书·大禹谟》）这一教谕的影响。

3. 维护孔教排斥西教的毓贤

“毓贤，字佐臣，内务府正黄旗汉军。监生。……以巡抚张曜奏荐，得实授，累迁按察使，权布政使。二十四年，调补湖南，署江宁将军。裁革陋规万余两，上闻而嘉之。是时李秉衡抚山东，适有大刀会仇西教，秉衡奖借之，戕德国二教士。廷议以毓贤官鲁久，谙河务，擢代之。既莅事，护大刀会尤力。”[①] 毓贤之所以对大刀会如此维护，其原因在于他想通过维护像大刀会以及之后的义和拳这些反洋教组织，来维护孔教，毓贤之所以要维护中国传统的孔教，其原因还是要归因于他思想深处固守着的儒家传统。

为了反洋教、维护中国传统儒学，毓贤也给予义和拳以不遗余力的支持，并为其更名为“义和团”，“匪首朱红灯构乱，倡言灭教。毓贤令知府卢昌诒按问，匪击杀官军数十人，自称义和拳，毓贤为更名曰‘团’。团建旗帜，皆署‘毓’字，教士乞保护，置勿问。”“毓贤更命制钢刀数百，赐拳童令演习，其酋出入抚署，款若上宾。”[②] 山西义和团运动发生之时，曾遭到众多地方官员的痛斥，“山西平阳府县上书言匪事”，但毓贤从民族大义出发，极力支持义和团运动，面对官员们对义和拳的打压，“毓贤痛斥之”，广大民众

① 《清史稿·列传》卷 252。

② 同上。

被毓贤的这种保家卫国的精神所感动，所以在毓贤死后，“省垣绅商倡捐勒石，纪公德政，树碑于迎泽门外”①，表达对毓贤的怀念。

二、独特的地理位置

历史悠久的山西作为中华民族的发祥地之一，保存了大量的古代文化遗产，因此而有“中国古代文化博物馆”之美称。山西有着贯通南北、连接东西的独特地理位置，对儒家文化的发展和传播具有特殊意义。

山西东拥太行，西据黄河，外河内山的地理特征，使其自古有“山河表里”之称。从地理位置看，山西就好似一只臂膀从北方草原直插入中原的心腹地带。从地势地貌特征上来看，山西总体以山地为主，又兼具高原、丘陵、河谷盆地等多种地貌类型，正是得益于这种特殊的地貌，山西不仅能够发展耕作农业，同时也适合于游牧和放牧；再加上在山西与北方草原民族接壤的北部地区并没有什么大的山川阻隔，因而北方草原民族势力就可以沿着山西河谷从北面长驱直入。从总体上看，山西的地势很便于向东、南、西三面扩散。这种自然地理优势使得山西在中国历史上承担了山东、河南与西部地区文化交流的枢纽和平台，再加上大量域外兄弟民族落户山西，种种原因最终导致山西不仅保存了很多传统儒家文化的精髓，而且又融入了外来文化如中原文化、北方文化等的特质。从全国文化地

---

① 《晋垣绅商为立德政碑受罚》刘大鹏《潜园琐记》乔志强：《义和团在山西地区史料》，太原：山西人民出版社，1980年版。

域分布来看，位于中国中部地区的山西，南北连接着中原文化和北方文化两大文化区域，山西因此而成为“中原文化区系”与“北方文化区系”两大区系的重要纽带。[①]这一“重要纽带”使得山西的传统儒家文化具有了各种文化相互撞击进而发生裂变的独特魅力，这也就奠定了山西儒家文化在中国传统文化中的特殊地位。

山西处于从东部沿海到大西北的衔接地带，作为东引西进的桥头堡和东西部文化融合的交汇点，它牵引着儒家文化从东边的发源地山东曲阜向中西部流动，充分展现出儒家文化所具有的深刻的普世价值，山西也因此成为儒家文化从其发源地山东向内地扩散的重要桥头堡，因此，从晚清到民国“山西办孔教之得善良效果，已海内所共闻，省文庙之布置亦可称中国第一。”[②]

山西在地理位置上与河南毗邻，因而山西的儒家文化又与河南省的中原文化具有较强的文化互补性，两种文化优势联合，有效互补，使得山西的儒家文化在传统文化交流与融合方面取得突出成就，从而突显出其独特的区域性特征。综上所述，晚清山西的儒家文化是南来的河南中原文化和东来的山东孔孟文化交汇的产物。

第二节　晚清山西儒家文化的地域性

子曰：“殷因于夏礼，所损益可知也；周因于殷礼，所损益可知

① 李元庆：《北朝文化·雁门文化刍议》，《文物世界》2005年第5期。

② 《太原最近之各方面》，《申报》，1927年12月。

也；其或为周者，虽百世可知也”。(《论语》) 可见，地方传统文化的形成与地理环境、民众生活方式、社会组织形态息息相关，是地理、历史、文化相互作用、互相统一的结果，传统文化因此极具地域性。晚清山西的儒家文化是中国传统文化中综合性最强的区域文化之一，是儒家灿烂文化的重要组成部分。山西因其深处比较封闭的地理位置，并且长期处于统治者的封建愚昧统治之下，因而在晚清各种外来思想文化的冲击下，山西得以保留了儒家文化中代表中国传统文化的精华部分。独特的地理位置，又使得山西在晚清儒学危机重重的历史条件下，承担起了传递传统儒家文化、开启近代新儒学的历史重任。系统研究晚清山西儒家文化的地域性，是重新解构、整合山西传统儒家文化，更好地弘扬儒家文化的必然要求。

民间这样说，脚踏陕西，踩的是秦砖汉瓦。那么脚踏山西呢？脚踏山西，踩的是文化。晋北是大同云冈石窟和五台山博大精深的佛教文化；晋中是太谷孔祥熙、平遥日升昌、榆次常家大院为代表的金融贸易文化；晋南的文化又是什么呢？二里头的夏文化太玄妙太遥远；皇天后土的万荣后土祠，比北京的天坛更加厚重，更有来历，更意味深长；晋南，还有那一声泪眼汪汪的“问我故乡来何处，山西洪洞大槐树”的根祖文化，更是名播海内外；另有麻田八路军总部、五台山晋察冀司令部、平型关大捷的三晋红色旅游文化独树一帜。可以说，三晋的任何一个角落，都有让人的缅想充满驰骋的理由！

从整体上言之，山西的传统文化可以划分为三大文化圈：晋南文化圈、晋商文化圈、雁北文化圈。按照山西传统文化分布的地域特点，又可以把山西划分为三大文化区：晋北（农耕文化与游牧文化相结合）、晋中（晋商文化为代表）、晋南（传统农耕文化与儒家文化相结合）。地方文化特色往往通过当地人的性格体现出来，如晋北地区多受北方游牧文化的影响，所以晋北人普遍粗犷尚武；晋中人在晋商文化的影响下显得精明重商；晋南人则在中原文化尤其是传统儒家文化的影响下在性格上呈现出礼让文雅的特点。

一、晋南文化圈与雁北文化圈

晋南文化圈缘起于以芮城的西候文化与河文化为代表的大量旧石器早期遗址在晋南的发现，使得山西南部包括晋南和晋东南在内的大片区域被公认为华夏族祖先居住的地带。晋东南包括河南洛阳、安阳、新乡一带，也是中国上古神话传说时代英雄们的主要分布地域，如：女娲补天（崔伯易《感山赋序》：太行山一名女娲）、大禹治水、后羿射日（屯留三山有射日处，见《明一统志》及地方传说）、精卫填海（长治市长子县发鸠山）、愚公移山都在此留下了遗迹和传说，而这些在中国其余地方都是见不到的。临汾、运城一带同时还是中国农耕文化的摇篮，农耕文化与儒家文化相结合形成了独特的“耕读文化”，晋南也因此被学界称为“耕读文化区”，在晋南各地到处可见“耕读传家”门匾，成为当地耕读文化的一大标志。

忠孝是中华民族的传统美德，同时也是儒家三纲五常中的重要内容，忠孝是儒家文化中关于以下对上的一种行为规范，儒家认为在政治上臣对君要“忠”，而在家族内部晚辈对长辈尤其是子女对父母要“孝”。《论语·学而》道：“孝悌也者，其为仁之本也”，孝悌是仁爱的根本，仁爱是以孝悌为前提，是在孝悌的基础上产生的。“仁者爱人”，“爱人”即关爱他人，这是仁的一种表现；而“忠恕”

则是仁的另一种表现，忠是下级用来侍奉上级的，《论语·雍也》道："己欲立而立人，己欲达而达人"，尽己为人谓之忠。综上所述，忠孝文化为儒家文化中的核心内容之一，山西绵山一带因以儒家的忠孝文化而著称，故而在区域文化史上被划分为忠孝文化区。绵山忠孝文化的形成源自割骨奉君、功不言禄、孝母于此的介子推，而其后的郭林宗、文彦博等介休十多位历史名人的故事，更加淋漓尽致地体现了儒家的"忠孝"文化，使得绵山不愧于山西"忠孝文化区"这一称谓。

雁北文化圈的地理位置主要是在晋中地区及其以北的太原市、忻州市、朔州市和大同市，同时包括其东西两侧的阳泉市和吕梁地区。其具体内容则主要包括三种文化：北方游牧文化和农耕文化互相融合而成的边塞文化，以五台山、云冈石窟为代表的佛教文化和吕梁地区的道教文化。

边塞文化主要分布于雁北地区，因为这里是古代北方游牧民族和中原农耕民族冲突地带，是游牧文化与农耕文明的交界处，两种文化在这里接触、交流最终融合产生了一种新的文化——边塞文化，在地域划分上，雁北地区虽属于中原地区，但由于它邻近北方游牧民族生活的地区，在古代这里曾是戎狄民族活动的中原场所，因而自古就是民族杂居之地，以至于在民俗及人种特点上，至今仍存在着明显的民族交融的痕迹，这里成为游牧民族的历史舞台，同时也是民族文化的大熔炉，而边塞文化在雁北地区的形成过程又彰显出中国传统农耕文化兼收并蓄精神的巨大粘合力。

山西的佛教文化集聚地主要在被誉为"四大佛教名山之首"的五台山，以及中国四大佛教石窟之一的云冈石窟一带及其四周的区域，亦即现在的忻州市和大同市。山西的五台山是五座佛教圣山之一，山上有数不清的庙宇，每年仲夏季节，五台山都要举行一次盛大的宗教集会，它的重要性相当于犹太人的“赎罪日”。五台山之所以被誉为“四大佛教名山之首”，并不是没有道理的，五台山的佛教文化与其他佛教名山的佛教文化相比，特点鲜明独具特色，其佛教文化源远流长、内蕴深厚且影响巨大，在千余年的发展历程中，逐渐形成了自己的文化特色，五台山是汉传佛教与藏传佛教唯一能够共处并相互融合、“青黄相连”的地方，这在中国其他地方是没有的，五台山同时也是汉、藏佛教徒们公认的文殊菩萨的道场，五台山因其独具的兼容并包的文化胸怀容纳了佛教各宗的弘扬，从而见证了中国佛教的兴衰。而位于大同的云冈石窟则以石窟佛像的形态向人们诉说佛教文化的发展历程，同时也印证了中西文化和民族文化在历史上的交流与融合。

道教文化作为中国传统文化之一，体现着人们对生命的认识和永恒的追求。山西的道教文化主要分布在山西省西部的吕梁山一带，道教在吕梁山区历史悠久，留下了众多道教建筑，其中最著名的要数北武当山道教建筑群与柏窳山道教建筑群，这里还有《庄子》书中所说的仙人所在的姑射山，向南延伸则有永乐宫及巫咸山。总之，在吕梁山一带到处都弥漫着道教文化的气息，众多的道教建筑群及道教名山都印证了道教在这一地区发展的辉煌历史。

二、晋商文化圈之儒商

现代新儒学的重要代表人物——徐复观认为，文化是“由生活的自觉而来的生活自身及生活方式这方面价值的充实及提高。其主要内容包括宗教、道德、艺术等”；传统则是“某一集团或某一民族代代相传的生活方式和观念”。[①] 以儒家文化为主流的中国传统文化在其发展进程中不断糅合其他文化，铸就了中国人的精神文化。崛起于明清时代的晋商，在明代就已经独树一帜。“富室之称雄者，江南则推新安，江北则山右……山右或盐或丝或窖粟，其富甚于新安，新安奢而山右俭也。”[②] 明清时期，晋商不仅在财力积蓄方面胜于徽商，而且对节俭、诚信等传统品德的传承坚守也更胜一筹，可以说山西商帮的每一位商人的血脉里都流淌着祖先赋予的传统儒家文化血液，他们的行为方式、思维理念、价值取向从不同侧面体现了传统文化的历史积淀。

在传统文化浸润下，晋商形成了一套自己的商业理论——“贾道”。晋商怀揣“树基业于家”，即创立自己的商业王国的抱负，秉持王阳明“四民异业而道同”“商何负于农”的价值观，以仁义为本，“借令服商贾而仁义存焉”，薄利多销的同时更加重视“德”与“名”。[③] 晋商以仁义为本的价值取向植根于中国传统儒家文化，并付诸实践厚积成其经商的文化底蕴。晋商把中国传统的儒家文化在商界发挥得淋漓尽致，把商人而且是商人群体的精神操守推向高点，无愧于“儒商”的称号。

自诩“生意兴隆通四海，财源茂盛达三江”的晋商为何会如此成功，学术界对此虽已做过很多研究，但至今还是众说纷纭。每一

① 李维武：《中国人文精神之阐扬》，中国广播电视出版社，1996 年版，第 1、12 页。

② ［明］谢肇淛：《五杂俎》卷四。

③ 参见余英时：《中国近世宗教伦理与商人精神》，台湾联经出版事业公司，1987 年版，第 34 页。

种行为背后都有一种独特的精神作为其灵魂支柱，这种内在的灵魂是实践活动的最初原动力，而从事这一行为活动的人就是这种特殊精神的创造者和实践者。晋商的成功重在其继承和吸取儒家传统文化精华，创造出自己特有的“晋商精神”，并将这种精神贯穿于生活、经商的始终，现扼举其要。

1. 爱国、济民的敬业精神

“穷则独善其身，达则兼济天下”（《孟子·尽心上》），儒家将修身齐家和治国平天下结合起来，孔子认为“博思于民，而能济众”（《论语·学而》），孟子提出“亲亲而仁民，仁民而爱物”（《孟子·尽心上》），清初顾炎武也有“天下兴亡，匹夫有责”之说，儒家这种对天下的责任和使命感，以及修身、齐家、治国、平天下的人生理想在晋商的价值体系中具体表现为“爱国济民”。晋商一直怀揣“经商不忘国家，致富不忘社会”的理念，把保卫祖国、推动社会进步作为己任。

清初山西商人范氏兄弟为清王朝输送军粮计百万余石，并出私财支援军饷，其爱国之心可见一斑。虽然在清朝末年，晋商票号已逐渐衰落，但却仍以国家利益、民族利益为重，同企图独霸山西矿权的英国商人展开激烈抗争，山西商界先后成立了“山西商人自强会”“太原商界抗日救国会”，抵制日货，提倡国货，并敦促当局在太原按司街兴建了土货商场，专门出售本国、本省商品。为了提高群众对土货的认识，商界发行“土货券”，购物享受九五折扣，形成“购国货光荣，用洋货耻辱”的风气。经过持续十多年的抗争，晋商终于冲破层层阻力取得了胜利，保护了山西的煤铁资源。晋商票号齐心协力保矿的壮举被史学家称为“汇入近代史主流的旷世之功”。[①]

不少晋商谨记儒家“仁者爱人”的训诫，发达以后乐善好施，或出资周济邻里、关心孤老、扶助贫病，以仁爱之心，救人于水火，送炭于雪中，或修桥铺路，兴修水利，输粟助赈，破一己之财，造福一方百姓，或兴办学校、资助刊印书文等，为家乡和国家培养栋梁之材。晋商的“济民”行为在地方志中记载甚多，如“清代永济人刘向楠由商致富，于村中办义学，贫族子弟多有成就，光绪三、四年（1877、1878）岁歉，又输粟数十石，赈村人，各给银两使谋生，赖以全活”。[②]

晋商的爱国济民事迹，在一定程度上改变了人们对商人的看法，传统的士农工商等级观念随之发生改变。1906 年，章太炎发表于《民报》第 8 号的《革命之道德》一文，就反映了这种观念上的变化。他按职业把社会成员分成 16 种人，并且认为“其道德之第次亦十六等”。他按职业与道德两重标准厘定的序列是：“一曰农人，二曰工人，三曰裨贩，四曰坐贾，五曰学究，六曰艺士，七曰通人，八曰行伍，九曰胥徒，十曰幕客，十一曰职商，十二曰京朝官，十三曰方面官，十四曰军官，十五曰差除官，十六曰雇译人。”在这篇流传甚广的文章中改变了传统的四民序列，商人从四民之末一跃而成为仅次于道德高尚、辛勤劳动的农民和工人，并且位列于三种士人（学究、艺士、通人）之前。此外，在一位山西旧式绅士的日记中也透露了这一等级观念转变的气息：“近来吾乡风气大坏，视读

① 葛贤慧：《商路漫漫五百年——晋商与传统文化》，武汉：华中理工大学出版社，1996 年版，第 214 页。

② 张正明：《晋商与经营文化》，北京：世界图书出版公司，1998 年版，第 22 页。

书甚轻，视为商甚重。才华秀美之子弟，率皆出门为商，而读书者寥寥无几，甚且有既游庠序，竟弃儒就商者。……当此之时，为商者十八九，读书者十一二。”①

民国时期，尽管山西的钱庄、票号衰落，商业一度凋零，山西商人的商业活动亦有所萎缩，但由于原来基础雄厚、市场广阔，所以从整个社会来看，从商的社会氛围并没有减弱，“山西一等人多做买卖，第二等人才去念书”。除部分受传统思想影响较深的有钱人家子弟走向仕途外，其余大部分人都选择了从商，所以民国山西出现了“商人知识比人民高，商人数目比读书人多”的局面。据《晋绥社会调查年鉴》载，在20世纪初期，山西按全省总人口平均计算，每70人中就有1个从商人员。因此，单从人数上看，商人就已形成了一支不可忽视的社会力量。山西社会治理者曾经说过“吾晋省不办事则已，欲办事非商人起而帮忙不可”，“不欲改良政治则已，欲改良政治，非借重商界不能彻底到底”。没有商人的支持，山西的任何社会改革都不可能取得成功。为此，主政者们积极动员商人们参加到社会改革中来，号召：“社会是大家共同的组织，商人也应该管事”，“应当为社会尽点力、办点事，这才能尽到你们的天职”，并称商人是“社会改革的中坚”。②

敬是指一种思想专一、不涣散的精神状态。敬业是中华民族的传统美德。敬，原是儒家哲学的一个基本范畴，孔子主张人在一生

① 刘大鹏：《退想斋日记》，光绪十八年十一月十五日，山西人民出版社，1990年版，第17页。

② 阎锡山：《县知事应设法沟通官民隔阂县衙门为一县主张公道枢纽》，《阎伯川先生言论辑要》第5册，1937年。

中始终要勤奋、刻苦，为事业尽心尽力，《论语》中记载了许多诸如“执事敬”（《论语·子路篇十三》）、“事思敬”（《论语·季氏》）、“修己以敬”（《论语·宪问》）的语录。宋代程颢《明道语录》卷一有云：“诚者，天之道；敬者，人事之本。敬则诚。”

在封建社会中，传统的观念是重儒轻商，故四民中以士为一等，商为末等。因此对于儒和贾，社会上的一般看法是“儒为名高，贾为厚利”，认为儒、贾追求的目标不一致。但晋商却不这样看，晋商认为“夫商与士，异术而同心”。[①] 关于晋商的儒贾相通观，郎贤梅在《我国古代长效经营之道——从〈贸易须知辑要〉看晋商之企业文化》一文中认为：“晋商本质上是一个封建性的‘儒商’商帮，他们直接承袭了中国传统文化的基因，遵守的是正统的‘贾道’。”在晋商这种儒贾相通观的渲染下，山西人也摒弃旧俗，褒商扬贾，以经商为荣，他们认为商和士、农、工是同等重要的事业，都是本业，同样要敬重。由于重商立业观念和尊重商人的风尚的形成，山西人把经商谋利看作是十分荣耀的事。“生子可作商，不羡七品空堂皇。好好写字打算盘，将来住个茶票庄。”可见，晋商把儒与贾、士与商视作“异术而同心”。他们认为儒可贾，贾可儒，儒贾相通。

如上所述，晋商的爱国、济民、敬业等精神犹如晋商之魂，始终贯穿于晋商的经商活动和心智素养之中，使得晋商能够在漫漫商路中走向成功，这些特殊精神更将儒家文化在商界发挥得淋漓尽致，并且由此产生了一种富含儒家传统文化的独特的晋商文化。

---

① 魏晓燕：《晋商用人的管理借鉴》，《协商论坛》2007 年第 3 期。

2. 崇仁义、讲和气的经商之道

传统儒家主张重义轻利，先义后利，强调利益的获取应以“义”为前提，而不应为了追求个人利益而不择手段，见利忘义。子曰：“君子喻于义，小人喻于利。”“不义而富且贵，与我如浮云”，“富而可求也，虽执鞭之士，亦可求之”（《论语·述而》），可求与否，就在于是否符合义的标准，只要求利而无损于义，亦可为之。孔子之后，儒家的另两位代表人物孟子和荀子对义、利关系也发表过自己的见解。孟子把追求生活富裕看作人们的共同愿望，认为富乃“人之所欲”，但同时又反复申明“何必曰利”，而把“仁义”看得更为重要。荀子从其人性论出发，认为“今人之性，生而好利焉”（《荀子·大略》），把好利欲富看成人的本性，但不要以利克义，可追求义利合一。综合孔、孟、荀的义利观，可以看出，如何对待义利的矛盾，儒家的态度是“见利思义”，“见得思义”，“义然后取”（《论语·子张·宪问》），主张人们在求利致富时，应以义为重、以义为先。

汉代董仲舒提出“正其谊不谋其利，明其道不计其功”（《汉书·董仲舒传》），强调君子要明正道，求正义，而不谋求个人的私利，对后世影响深远。汉代以后，直至明清，义利之辩分为相互对立的两大派别。其中，宋明理学主张义利对立论，主张“存天理，灭人欲”，而陈亮、叶适等人则主张义利合一论。陈亮认为，“功至成时，便是有德；事到济处，便是有理”（《陈亮集·寄陈同甫书》），叶适认为，“既无功利，则道义乃无用之虚语耳”[①]。

---

① ［南宋］叶适：《习学记言》，北京：中华书局，1977 年。

晋商行事立业中一贯主张并践行的义利观，正是孔、孟、荀所提倡的儒家传统义利观的真实写照。“君子爱财，生财有道”，“仁中取利真君子，义内求财大丈夫”，晋商认为经商虽以营利为目的，但凡事以道德信义为根据，“故能通有无，近悦远来”，“平则人易亲，信则公道著，到处树根茎，无往而不利”[①]。晋商从来不避讳自己的经商目的和动机，但也有自己的原则，那就是“不赚昧心钱”。晋商身在财场而利不污，谨厚重义，被誉为“轻财尚义，业商而无市井之气”。祁县乔氏家族的东家乔致庸就曾把经商之道排列为：守信，尚义，而后才是取利。[②]清代著名的山西商人范永斗，就是由于“与辽左通货财，久著信义”，受到清政府的青睐后当上了皇商，并因此获得丰厚的利润。[③]晋商中的榆次常家，在其经商过程中，艰苦奋斗，将数以万计的茶叶、丝绸、布匹等生活用品运到相隔万里之遥的塞外，将处处荒原大漠变成了繁华的都市商埠，得利的可以说不仅仅是商人自己，还有民众、国家，此利即为公利，从某种意义上来说，亦即“义”。[④]

传统文化中可为树立晋商精神提供依据者，还有重要的一条，叫作“和谐”。晋商奉行“和衷为贵”的道德规范，在经商的过程中，讲究“和气生财”，追求和谐平衡。“和”在诸子中主要为儒家所揭橥。孟子说：“天时不如地利，地利不如人和。”（《孟子·公孙丑》）儒学的改良者荀子同样有“上不失天时，下不失地利，中得

① 葛贤慧：《商路漫漫五百年——晋商与传统文化》，华中理工大学出版社，1996年版，第78页。

② 《民国祁县晋商档案资料（1942—1947）》，《山西档案》2004年第6期。

③ 张正明：《晋商兴衰史》，太原：山西古籍出版社，1995年版，第161页。

④ 穆雯英：《晋商史料研究》，太原：山西人民出版社，2001年版，第327页。

人和，而百事不废”（《荀子·王霸》）之说。“和为贵”事实上已成为晋商立身行事的规范，同时也是商人精神中最成熟的部分。他们“用乡里之谊彼此团结在一起，用关帝崇拜的方式，用会馆的社会机构，用商会的立法形式，增强相互之间的了解。”①

和衷共济的协调精神是山西商人数百年立于不败之地的重要原因。儒家文化一向以和为贵，中国传统商业伦理也讲究“和气生财”，晋商在其经营过程中提出“和衷为贵”，赋予传统文化新的内涵。“和”的意义和价值主要为儒家所揭示，“和”的思想是儒家所看重的。《论语》中载，“有子曰：礼之用，和为贵，先王之道斯为美。”《中庸》中讲“喜怒哀乐之未发谓之中，发而皆中节谓之和”，所谓“和也者，天下之达道也”。

传统儒家文化特别强调的“和”在商界体现为“和气生财”。晋商不仅继承了儒家“和”的精神，在经商过程中讲究和气生财，而且将儒家“和”的传统发挥得更为淋漓尽致。晋商秉持“和衷为贵”的经营理念，追求和谐，讲究团结，在经营过程中对顾客十分讲究谦和礼让，无论顾客是何种身份，都一视同仁地保持尊重礼让谦和态度。晋商曾在《贸易须知辑要》中提出，“但做生意的人，是无有大小，只要有钱问买卖物，他即是个‘花子’也可交接，所以生意无大小，上至王侯，下至乞丐，都要圆活、谦恭、和平、应酬为本。”②

此外，儒家“仁”的思想也体现为对人的尊重，荀子说“天地之性为人贵”，“博施于民而能济众”，所以要“仁者爱人”，而且指

---

① 崔俊霞：《晋商伦理初探》，山西大学 2005 届硕士研究生学位论文。

② 张正明：《晋商与经营文化》，北京：世界图书出版公司，1998 年，第 59 页。

出了“仁”的结果将是“仁者无敌”。(《荀子·王制》) 晋商就是在奉行“仁者爱人”的原则，把顾客满意作为其生意中最大的“仁”。他们认为只有对消费者“仁”，充分满足消费者的需求，尽量增加向消费者让渡的价值，真正站在消费者的角度去了解关心帮助他们，才可得到消费者心理上的认可，使交易双方的关系处于融洽状态，使生意长久地持续下去，达到“和气生财”的目的。

3. 诚信笃实的山西票号

晋商虽有几百年的历史，对传统文化中“重农轻商”的思想有一定突破，但儒家文化特别是传统文化中的伦理观念、血缘观念和地缘文化观念对其有深刻的约束和激励作用。传统的中国社会是一个伦理社会，先秦诸子提出“君子喻于义，小人喻于利”“见利思义”“利从义生”等经济伦理道德，宋明理学亦提出“明天理，灭人欲”的主张。① 山西处于少数民族和汉族文化碰撞、融合的缓冲地带，既有少数民族刚毅自强、勇于创新的精神，又深受中原崇礼、重教、讲义、守信、节俭的文化熏陶，如此种种构成晋商诚信笃实的精神。② 首任驻英公使郭松焘也曾这样评价：中国商人夙称山陕，山陕人智术不能望江浙，推算不能及江西、湖广，而世守商贾之业，惟其心实而已。③ 可见，晋商的诚信得到了历史的认同。

所谓诚信，就是诚实而又有信用，更准确地说应该是忠诚信义的概括。“君子进德修业。忠信，所以进德也；修辞立其诚，所以居

① 朱英：《浅谈近代中国商人的义利观》，《光明日报》2000 年 11 月 17 日。

② 渠绍淼：《晋商兴衰溯源》，《文史研究》，1992 (1-2)。

③ 张海鹏，张海瀛：《中国十大商帮》，黄山书社，1993 年版，第 31 页。

业也。”（《周易·乾·九三爻·文言》）诚在于仁，信近乎义，仁义又是儒家文化的核心内容，因此诚信可谓是儒家的专利。儒家视诚信为“进德修业之本”“立身之道”“立政之本”。对于诚信，孔子不仅提出“人而无信不知其可”（《论语·为政》）的思想，而且把信提升到“民无信不立”（《论语·颜渊》），以及去兵，去食，宁死必信的政治高度。孟子也曾说：“诚者，天之道也，思诚者，人之道也。”（《孟子·离娄上》）在儒家看来，诚信不仅是一切道德行为的基础，而且是一个人做学问、干事业的根本。

关于晋商的诚信观，高翔在《晋商诚信观及其当代启示》（山西大学 2010 届硕士学位论文）一文中，已经对晋商诚信观的形成基础、主要表现及其当代启示做了较为翔实的论述，因此这里就不再对晋商的诚信观做专门论述，而侧重考察晋商票号的诚实笃信精神。晋商一直以诚信作为约束自己的行为规范，而票号和钱庄商人在这种氛围中也必然具有诚信的色彩，汇兑庄成为晋商奉行儒家诚信笃实的最真实写照。

在票号产生以前，商人们在外采购和贸易全靠现银支付，在外地赚了钱捎寄老家也得靠专门的镖局把现银运送回去，不仅开支大，费时误事，而且经常发生差错。这就迫使经常外出经商的晋商们不得不探求一种新的汇兑办法。出于汇兑的需要，晋商在全球范围内第一次发明了票号，实现了“汇通天下”的梦想，开创了金融管理的模式。“山西票号，产生于道光初年，失败于民国初年。”① 晚清时期，晋商创立了票号，并一度在中国金融界独领风骚。山西票号，

① 卫聚贤：《山西票号史》，经济管理出版社，2008 年版，第 1 页。

又称汇兑庄或票庄，是一种专门经营汇兑业务的金融信用机构。汇兑庄前期主要承揽汇兑业务，后来也承揽存放款等业务。

平遥日升昌票号是晚清山西的第一家票号。后来在日升票号的带动下，山西商人纷纷群起效尤，投资票号。因此到光绪九年（1883 年），在山西的票号已达 30 家，并形成平遥、祁县、太谷三大帮，其分庄遍布全国各工商业城镇，营业范围主要是汇兑和存放款业务。票号起初只是以商号和个人为对象，咸丰以后，山西票号也为清政府大量汇兑公款。据统计，光绪三十二年（1906 年）七月，清政府户部外存放银共 693 万两，其中 30% 存放于山西票号，山西票号掌握着清政府财政部门 1/3 的款项。直到 19 世纪末 20 世纪初，山西票号仍执中国金融界之牛耳，达到鼎盛。

200 多年前，晋商的商号已经遍布中国各大城市，远及西伯利亚、东南亚甚至欧洲等地，晋商的票号之所以能走遍天下，在于中国传统儒家文化的诚信观念。大多数晋商曾饱读诗书，深受孔孟之道影响，遵循着传统文化道德，“君子爱财，取之有道”，晋商并没有乘着市场混乱进行投机，而是主动牺牲眼前短暂利益规范市场行为。因而在清末民初，山西票号并没有实现资本的转移，在滚滚的淘金浪潮中，“晋商”这块烫金品牌一度沉寂。但是，晋商诚信笃实的道德品质，尤其值得后代商人推崇，小胜凭智，大胜靠德，商人只有从始至终地奉行儒家诚信的道德规范，才能在激烈的商业竞争中发展得更快，走得更远。

晋商首创的票号以信用卓著而享誉商界。“各省银号，汇兑银两，盈千累万，仅以一纸为凭，信也。”[①] 可以说，山西票号之所以

① 山西财经学院科研处编：《山西票号研究集》，第二辑，1989 年版，第 29 页。

能够在风雨飘摇、动荡不宁的晚清，创造出金融界的一大奇迹，诚信确实为其一大法宝。山西首家票号平遥日升昌票号就认为："一日要奸，可以欺市；二日要奸，可以愚民；但没有哪一家商号，可以数年、数十年靠要奸混迹于市。"[①]《清朝续文献通考》卷十八中曾这样评价山西票号："山右巨商，所立票号，法至精密，人尤淳朴，信用最著。""二十五年来汇丰与山西票号做了大量交易，数目达几亿两，但没有遇到一个骗人的中国人。"[②] 这是上海汇丰银行的一位经理对山西票号的评价，可见山西商人的信誉使外国人都心悦诚服。山西票号以诚信渡过了难关，打开了市场，在金融史上创造了一个奇迹。[③] 如今，在晋商大院的门楹上仍可以看到"诚信赚得字号久，谦和赢得顾客常"的字样，让人们铭记晋商及其票号留给我们的宝贵精神财富——诚实笃信。

综上所述，儒家文化在清末民初晋商爱国济民的敬业精神与崇仁义、讲和气的经商之道，以及山西票号诚实笃信的精神中体现得尤为突出，这些精神品德构成了儒商的思想内核，而儒商对儒家传统伦理道德的推崇、践行也为晚清山西的儒家文化增添了许多异彩光芒。

---

① 张奎胜：《诚信经营看晋商》，《北京经济瞭望》2002（11）。

② 渠绍淼：《晋商兴衰溯源》，《文史研究》，1992（1-2）。

③ 葛贤惠：《商路漫漫五百年——晋商与传统文化》，武汉：华中理工大学出版社1996年，第189页。

| 第二章 |

近代山西儒家文化与其他文化之融合

儒家文化与近代以来中国的其他本土文化存有诸多共通之处，其中最主要的方面即在“心”，儒家主张的“存心”与“明心”“修心”等颇多类似。然而，不管是“明心”“存心”还是“修心”，所追求的都是一个“性”字，即人的本性，人性本善，都是要救正人心，此各种传统文化之共同理想。各种传统文化信奉者之所以能齐集讲经公会为匡正人心而循循善诱地讲解着各自的主张，就是因为其所持有的“救正人心，挽回造化”与“匡扶国家，平治世界”的共同理想，即如讲经公会在成立之初所言：各家“讲明经义，阐发道旨，共守和平，各尽当然之职务，无侈无奢无贪无妄无优无劣成个真共和，如华胥国，岂不美哉。”①

李提摩太在他的回忆录中写道，他在南京认识的一位刻售经书

① 《孔教讲演词》,《讲经公报》第 1 期。

的杨先生原先是儒家门徒，其思想深处始终还是保留着对儒家的纯真信仰。李提摩太认为儒学作为一种赢得了中国最伟大的心灵的文化，是不可等闲视之的。“经过多年的研究之后”，他发现儒学“在其高度发展中”实际包含了其他文化流派的主要思想观点。[①] 这也正是其他传统文化在其传播过程中能够吸收和借鉴儒家文化的原因所在。因此，在近代山西儒家文化与其他文化传统之间不仅存在着冲突、斗争交锋，同时也表现为交织、互存和重合。

第一节　儒家文化与地方传统文化

一、近代山西各种传统文化之交织

清末民初，山西各地屡次发生破坏传统文化建筑之事件，这给地方传统文化的发展以巨大冲击。如曲沃县东阳呈村欲侵占上院村宝峰院的庙地，后经上院村调停，庙地仍由宝峰院承种，但宝峰院每年须给东阳呈村“大洋二十元”以作“抵利洋”。尤其是在实行土地村公有之后，山西各地佛教寺庙的地产受到更为严重的冲击，这在当时全国各地都是空前的。山西各地方政府以实行土地村公有为名大肆侵夺庙地，如 1929 年 12 月 24 日榆社县城镇寿圣寺“所有黑

① 李提摩太:《亲历晚清四十五年——李提摩太在华回忆录》，全国图书馆文献缩微复制中心，2006 年，第 192 页。

尖沟及刁寇地等处忽被该镇村长张宿彩、石经文等侵夺”，该寺僧人向当地政府起诉，结果政府以土地村公有为由对侵夺之行为进行庇护，称“查寺产为村中共产，村人既愿划分归村公有，不得谓之侵夺”。[①]

为兴办公益慈善事业，一些地方对传统建筑及传统文化团体之财产进行侵夺，如安邑县运城古观音堂之财产及法物“横被侵略”。其住持将此事向县禀呈称：“寺庙财产及法物，为寺庙所有，由住持管理之……地方自治团体，尚无管理该庙之权……寺庙自身对于公慈等事，应量力而行之，并非谓他人得借兴办公益慈善事业而夺取寺产”，该住持由此“向县请求饬还庙产”，这一要求遭到县署的驳斥：“该县政府又批以张前县长之判令，核与监督寺庙条例第四、第十各条之规定，尚无不合云云，亦属引例失当，该住持倘不甘服，可依据法例再向县府辩诉，请求依法办理。”[②]

在汾阳也曾发生过侵夺物产的事件，据汾阳北辛安村永福寺负责人称：“该寺创建于明永乐年间，为自立场处，相沿至今，纯由寺僧主管，与该村毫无关系，不料去年四月间，该村长刘国梁，觊觎寺产，乘该寺住持本宽师徒因公赴石磐山，竟率众将寺中工人赶去，将该寺所有之米粟衣物以及一切契据，全数攫取，且将寺门封锁，致该本宽等无法归寺。”其将这一侵夺、封锁寺产之事向汾阳相关部门上

---

① 《致榆社县公函》，《山西佛教月刊》1930年1月第9期，《民国佛教期刊文献集成补编》第39卷，全国图书馆文献缩微复制中心，2006年。

② 《山西临时省佛教会批》《山西佛教杂志》民国二十三年六月十五日，第六期，《民国佛教期刊文献集成》第75卷，全国图书馆文献缩微复制中心，2006年。

报之后，一直推延，“置若罔闻”，迟迟得不到回应及解决。[①]

面对山西各地侵夺、破坏传统建筑等行为，相关负责人虽曾试图通过向上级相关部门申诉，期望其能公正解决这些问题，但在遏制破坏行为方面收效甚微，面对接二连三的挫败以及地方传统文化面临的发展危机，传统文化信奉者不得不从思想文化层面去研究与解决这些问题，开始由此尝试更新自我以适应“世变”。

儒家文化与其他传统文化虽各有侧重，但也存在相通之处。比如儒家“以天下为己任”的格局情怀与佛之“普度众生”的担当精神；儒家“无可无不可”的无碍与智慧与佛之“万事随缘”的圆融和洒脱；儒家“反求诸己”的克己功夫与佛之“莫向外求”的实践路线……清末民初，倍受冲击的地方传统文化为了求得自身的生存与发展，本着其与儒家文化所存在着的众多相通之处，对儒家文化进行了积极借鉴。儒家文化与其他传统文化最根本相通的一点，就是终极目标的确立及其实现路径，其核心内涵即“诚”。整个儒家的核心，无不是在讲“诚”，即断恶修善，破我执、断二障、证二德。这一点在儒家的纲领性著作《大学》和《中庸》中都有明确的阐述。

如《大学》中的一段：“所谓诚其意者，毋自欺也。如恶恶臭，如好好色，此之谓自谦。故君子必慎其独也……”这里所讲的“诚”，就是不自欺，自谦，做到慎独。此处所讲“恶”即人我执与法我执，就是烦恼障与所知障；“善”即涅槃德与菩提德。“诚”因此成为整个“大学之道”的核心，此核心在《中庸》中亦有充分的体现。《中庸》阐述的思路与《大学》如出一辙。“天命之谓性，率

① 《山西临时省佛教会训令》《山西佛教杂志》民国二十三年八月十五日，第八期，《民国佛教期刊文献集成补编》第140卷，全国图书馆文献缩微复制中心，2006年。

性之谓道，修道之谓教。”以“致知”（学习—修道—率性—天命）开宗明义，之后是“道也者，不可须臾离也，可离，非道也。是故君子戒慎乎其所不睹，恐惧乎其所不闻。莫见乎隐，莫显乎微，故君子慎其独也”。此即“慎独”，亦即“诚”，就是远离“非道”而就“道”。“非道”导致我执与二障，唯有“道”方可证得二德。顺着“诚”去做，那么达到的境界就是“中和”的境界，就能够使“天地位焉，万物育焉”。此后的整部《中庸》都是在对“诚”进行诠释，从“诚之道”乃至于“诚道”。

由此来看，整个儒家的内涵无不在“诚”，释之内涵无不在“觉”。其实，有“诚”便有“觉”，有“觉”便有“诚”，儒释内涵有诸多相通相融之处。山西地方文化由此得以借助山西人固守的传统儒家文化为其谋生存与发展。如通过借鉴儒家传统文化，佛学在民国时期的山西获得了较快的恢复与发展，佛教会在各县纷纷设立，如“山西临时省佛教会，自上年（民国二十二年）十月间开始办公以来，积极督促各县佛教徒，组织县佛教会，以资弘扬佛化，而利进行，兹据各县先后呈报正式成立县佛教会或旧有县会重新改组者，计有太谷、榆次、平定、万泉、介休、夏县、河曲等三十三县，先行设立筹备处而一面筹备立会，一面代办佛教公事者，有长治、临县、阳曲等十五县，其余各县刻正在催办设立云。”[①] 在1934年以前设立的山西各县佛教分会中，榆次县佛教会、平定县佛教分会、万

① 《本省各县佛教会成立近况》，《山西佛教杂志》民国二十三年四月十五日，第四期，《民国佛教期刊文献集成》第75卷，全国图书馆文献缩微复制中心，2006年。

泉县佛教会和太谷县佛教会影响较大。[①]

此外，地方传统文化对民国时期山西文化教育的进步也有一定的贡献，尤其是在医学教育方面贡献较大，以“如来慈悲，利济众生，并阎总司令使僧人学习针法救济病患”为宗旨，为“将医学秘奥普及于晋冀察绥，以及大河迤北诸省”，太原延庆寺与万寿庵合并，设立医学集针院，主要招收“读书识字，能聪明讲义者”，主要教授医学以及延年益寿的修道之法，另有语言文字及地理历史等附课，意在“化僧徒为有用之才，造多数医国之手，使世人同登寿域”，但是，在近代山西确知修道之法的人少之甚少，尽管自 1930 年 3 月起上述医学院“多方延聘”确知法者，招收学生，通过教授众生修炼真法，以“去民生之病患，保全人类之幸福”。[②]

从清末到民国时期，山西的地方传统文化发展在总体上呈衰落之势，但因其注重修心炼性，重在修道，“惟智者审察仁案，自昔德行与文学殊科，陆王不重记诵，六祖乃不识字，学案中渔樵尤多学道，不关文字障也，”所以，修炼对于那些不识字之人也是比较容易做到的，正是因为如此，民国时期，在山西的吕梁山区等较为偏僻保守的乡村某些以修炼著称的传统文化传播甚广，“今来山西游乡村，所遇不识字而德行高，好口若悬河者不少甚矣，”其原因固然是由于修炼之简单易行，不需识字就可以做到，“道之易行，人皆可为尧舜也，郭西之君虽仅识之无，其论亦间有可取，故录之云，尔山

① 《本省各县佛教会成立近况》,《山西佛教杂志》民国二十三年四月十五日，第四期,《民国佛教期刊文献集成》第 75 卷，全国图书馆文献缩微复制中心，2006 年。

② 《本会设立佛教医学集鍼院上教育厅民政厅阳曲县呈》《山西佛教月刊》1930 年 1 月第 9 期,《民国佛教期刊文献集成补编》第 39 卷。

右多苦修之士，闻有化祥僧者，一时士夫所重德行甚高，禅门领袖亦不识字云。”但更深层的原因则在于其在道德修养方面与人们内心深处保守着的传统儒家文化确有共通之处，所以在较为偏僻保守的山西乡村，人们以其固有的传统儒家文化心理去接受其他传统理念就不足为奇了。相比之下，城市的近代化程度较高，其思想观念及心态上的传统色彩受到外来思想观念的冲击而淡化，所以一些地方传统文化在许多城市惨遭遗弃，急剧衰落。

“道出于天”与孔子在《论语·尧曰》中提到的“不知命，无以为君子也”的天命观一样，都主张要知天命，顺天道。要求人们要通过格物致知，归一于中道也，此大意中的“格物致知”以及“无太过无不及”的中道亦即儒家经典《礼记·大学》中的“致知在格物，物格而后知至”以及中庸之道。此外，其亦以孟子之“存心养性修身立命”为修道心之初步方法，以存天然之良心，即“致良知”为立德之要，以孔子在《论语·颜渊》中所言的“非礼勿听，非礼勿言，非礼勿动”为安身立命之法。上述主张皆与儒相通，从而使地方传统文化易于借传统儒家文化助其传播。

关于道心与人心，“所谓道心人心者何？中国言心在胸，西洋言心在脑，鄙意以为人心在胸，道心在脑，所谓胸指血胞而言也，血胞主动似人心一般，脑主静似道心一般，其阶级实甚清楚也，孟子有心之官则思一句，实已知心能思有属于脑之意味矣，古字思作思言心必连于脑，然后能思之意，总括人心道心而言之耳。”可见，其在道心与人心的关系上，与儒家孟子的看法是一致的，都认为人心受道心的支配，而且尤重视人心，“以开灵明智悟觉本来面目，而复其初，每以无事之时，定静之中悟会这个道字，知觉这个道心，发觉这个道念，久而久之可将这个道字印证在心上。”[①]

儒家经典《中庸》言：“博学之，审问之，慎思之，明辨之，笃行之。”这里阐述的是一种读书的方法、步骤，即只有勤于学习、勤于思考、勤于实践，才能达到好的读书效果。读好书，必须要勤奋，其实做事要想成功，也要勤，古人讲：“书山有路勤为径，学海无涯苦作舟”，“业精于勤，荒于嬉；行成于思，毁于随”，“不积跬步，无以至千里；不积小流，无以成江河”。这些耳熟能详的传统古话，说的都是同一个道理即“勤”，勤已经成为儒家乃至中国传统文化的一个核心内容，千百年来影响着每一位中国人。与儒家勤的传统相一致，一些传统文化也要求人们要勤于修炼，如果不能勤久，就会被弃之，“常善救物而无弃物，道之布惠周普物，物皆欲成人，人人皆欲度之，但世人福德卑微，道气虚浅，不能精专勤久，道气未应而已中怠，是大自然弃道，非道弃人也。”[②]之所以会弃人，在于人的懒散，没能够做到勤久，因此要求人们在自身、内心上下功夫，万事求己，万事用心，“求己”“用心”即“内”与“尔身”。孟子曰，“爱人不亲，反其仁；治人不治，反其智；礼人不答，反其敬。行有不得者皆反求诸己，其身正而天下归之。《诗》云：‘永言配命，自求多福。’”（《孟子·离娄上》）孟子在这里告诫人们凡事要先从自己身上、内心找原因，只有自己努力去用心做事，才能长久地与天命相配合，为自己寻求更多的幸福。由此可见，许多地方传统文化与儒家同样都重视自身的作用，都主张做事要“反求诸己”。

① 《道教讲演词》，《讲经公报》第二期。

② 同上。

二、儒家文化在近代山西的复兴

据光绪《山西通志》中的《学制略》记载："康熙三年，裁府、州儒学训导各一人，大县儒学裁训导一人，小县儒学裁教谕一人。十五年，复设各府、州训导，又大县复设训导，小县复设教谕。"晚清时期，儒家文化在全国虽有衰落之势，但在山西却不尽如此，为了挽救传统儒学的衰微之势，山西社会各界都不遗余力地提倡和推崇儒家传统文化，尤其是在教育界，通过广设儒学并充实儒学的师资来复兴儒家文化。

民国时期，尤其是在辛亥革命后，封建专制被推翻，儒学也因此受到了重创。民国元年（1912年），"国务院反对孔教，教育部规定中小学校废止读经，各处有随便读经的又要遭视学先生们强制层层去抹"。[①] 然而，在山西，教育部非但没有禁止尊儒读经，反而发文书，主张以孔教来救国："天下万国，乃至野蛮，岂有无教而能为国乎，况欲立国于天壤间，与欧美竞，爽乎，诸公若以为教未可尽废也，则佛教虽微妙，然多出世澶漫之言，行于蒙藏可也，若全行于中国，未能也。基督尊天爱人魂忏罪，施于欧美可也，若欲中国行之，其能令四万万人立舍祠墓之祭，而从之乎？夫教必协于民俗，而后形为法律，政治乃得其宜，若不宜于民俗，而可强行乎？今吾国自有教主，宜于吾民俗，以为人心风俗之本，言奉以为法，行奉以为则，数千年中人心风俗，政治得失是非，皆在孔教中，融筹洽化，合之为一，若一旦弃之，则举国四万万人，彷徨无所从，行特无所措，怅怅惘惘，不知所之，若惊风骇浪，泛舟于大雾中，迷惘惶惑，不知所往也，今

① 《孔教讲演词》,《讲经公报》第二期。

青黄不接之时，新道德未成，而旧道德先废，则令举国人民在无教化之中矣，新道德未知经若干，圣哲乃能制作，未知经若干岁月，乃能化成而令吾国人民在此若干岁月中无教焉，则陷于洪水猛兽久矣，今举国人民皆为洪水猛兽，何以为国。”[①] 山西省教育部认为唯有孔教是可以拿来救国的，孔教是中国人的精神支柱，如果失去这一精神支柱，国人就如同陷于洪水猛兽的危险之中，国家也将不复存在。

山西孔教会亦曾对北京教育部破坏孔教进行过驳斥：“孔子既为教化之主，故中国一切道理皆本于孔子，上自朝廷，下及闾阎，明有礼乐幽有鬼神，养生送死，日用饮食，制度文章，政治风俗无不根源于孔子，是故吾中国之能一统数千年者，非无故也，吾国民之得自由平等之乐，比万国最先者，非无故也，吾国民之享太平无事之福比万国最多者，非无故也，饮水思源报本返始不忘其初，此天理之自然而人情之至顺者也，我国民岂能违于天理之自然，人情之至顺，而不思所以报孔子者耶，我国民既思所以报孔子，则必有所以尊孔子者矣，而此尊孔子之典礼，则由历代帝王以代表之，此非帝王一家之私心也，凡所以代表万民之公意者然也，是故历代帝王……”[②]

为了昌明儒学，民国时期山西执政者也极力推崇通经致用之士，如在1914年曾向袁世凯保荐“传经累世，粹然儒者”的刘申叔氏，“为保荐经学通儒，请准送觐事，窃自汉代表章六经，崇尚实学，一时通儒，硕彦阐微言於。既晦守师说，以名家，用能，经学昌明，蔚为风气，盖以学术之纯疵，有关治术之得失际此，众说争鸣之会，

---

① 《教育部书》，《宗圣汇志》第一卷第三号，1913年7月。

② 孔教会全体公论：《斥北京教育会破坏孔教之罪》，《宗圣汇志》第1卷第五号，1913年。

诚得通经致用之士，实足为匡时历俗之资，兹查有前分省补用知府刘师培，江苏仪征县人，由举人拣选知县，保荐知府，会派充学部咨议官，粤汉铁路顾问官，该官员博闻强记，颖悟过人，经史百家，靡不淹贯，自襄事南洋督幕，於吏治掌故，研究有年，力求实用，而于保存国粹，提倡尤力，故东南人士，咸耳该员淹博之名，嗣充四川国学院院长，兼存古学校分经教授，造就多才，其征文考献之功，尤为川人所交颂，上年来晋，锡山知其传经累世，粹然儒者，聘充顾问，一年以来，讲学论文，深资获益，而考其著书之宏富，修业之精勤，为晚今所仅见，锡山深知该员学有本源用，特据实保荐，理合附呈履历，伏乞恩准送觐，量材录用，无任惶悚待命之至云云。”[①] 从该呈词中可以看出，山西执政者确实对刘申叔的“著书之宏富，修业之精勤”很敬佩，故向袁世凯保荐此人，由此可见其对儒学人才的重视。

保荐儒学人才的举动得到了袁世凯的同意，因为袁世凯本人也是赞成孔教救国论的，也曾为弘扬孔教而发布崇圣告令于天下，鼓励人人都行孔子之道，养成儒家良好的道德，以此来修身，进而齐家治国平天下。具体内容如下：“中国数千年来立国根本，在于道德，凡国家政治、家庭伦纪、社会风俗，无一非先圣学说发皇流衍。是以国有治乱，运有隆污，惟此孔子之道亘古常新，与天无极。经明于汉，祀定于唐，俎豆馨香，为万世师表，国纪民彝，赖以不坠。隋唐以后，科举取士，人习空言，不求实践，濡染酝酿，道德浸衰。近自国体变更，无识之徒误解平等自由，逾越范围，荡然无守，纲常沦弃，人欲

① 《阎伯川将军特为经学通儒》，《宗圣学报》第1卷第十号，1914年11月。

横流，几成为土匪禽兽之国。幸天心厌乱，大难削平，而黉舍鞠为荆棒，鼓委于草莽，使数千年崇拜孔子之心理缺而弗修，其何以固道德之藩篱，而维持不敝？本大总统躬膺重任，早作夜思，以为政体虽取革新，而礼俗要当保守。环球各国，各有所立国之精神，秉诸先民，蒸为特性。中国服循圣道，自齐家、治国、平天下，无不本于修身。其小者不过庸德之行，庸言之谨，皆日用伦常所能莫外，如布、帛、菽、粟之不可离。语其大者，则可以位天地育万物，为往圣继绝学，为万世开太平。苟有心知血气之伦，胥在范围曲成之内。故尊崇至圣，出于亿兆景仰之诚，绝非提倡宗教可比。前经政治会议议决祀孔典礼，业已公布施行。九月二十八日为旧历秋仲上丁，本大总统谨率百官举行祀孔典礼，各地方孔庙由各该长官主祭，用以表率人民，俾知国家以道德为重，群相兴感，潜移默化，治进大同。”①

从此告令可见，袁世凯极其推崇孔子儒家道德，其原因一方面出于复辟帝制的需要，另一方面也是因为他认识到儒家道德对人的品质修养的重要性及对国家治理的重要性。他十分注重人品，“近来关于京内外官吏之劣迹，频有种种报告不独藐视官纪，荒废职务，其影响所及于社会人心妨害不少，颇为可忧。闻大总统对于此事，极为注意，略为近来官吏，多露劣迹，其原因实由于政府一时用人之方针，惟重才能，不察人品所致。先是民国伊始，百端草创政府用人，暂时正重才能，以办重大事务，亦非得已。讫乎今日国中百政就绪，邦基渐固所有一般政务，尤不可不慎重办理，扫除弊害，其用人方针尤宜熟审人品之高下，其他才能即置之第二亦无不可，

① 《大总统祭圣告令》，《宗圣学报》第1卷第十一、十二号合刊，1914年12月。

否则恐官吏行迹益趋劣恶紊乱纲常，堕落道德，其流毒于社会人心前途，实不可料量云。”[①] 袁世凯认为用人更应该重视其人品，而不应惟重才能，所以选拔人才首先应该审察其人品之高下，只有人品高的人才不会堕落道德，流毒社会人心。为了提高人们的道德水平，用儒家道德来规范人们的行为，袁世凯下令文科大学中除去经学一科，另设经学院以弘扬儒家文化，并令教育部详细拟定经学院设立办法、教授方法及课程。

山西的统治者也十分注重官员的人品，要求手下的官吏要注重道德修养，尤其要重忠义，并曾以同武将军的不重忠义来告诫手下的官员并专门印成《千字军鉴》，颁发到各军队令其详细检阅，以求倡道德而重忠义。“同武将军以迩来每多妄谋不轨，类皆由泛谈革命，不晓忠义，注意金钱，不讲道德而来，若不详为训导，将渐染熏陶，则骄奢淫逸，由邪及乱，其于锦绣灿烂之民国，何堪设想，特委该署书记长官，仿照千字文例，著就三千不二字军鉴一册，刷印多份颁布各军队详细检阅，以倡道德而重忠义云。”[②]

综上所述，无论是晚清还是民国时期的山西，儒家文化受到了社会各界的提倡与推崇，即使是在与儒家文化并存的其他传统文化中，也不难发现有儒家文化的内核所在。一些地方传统文化为克服其发展过程中遇到的艰难挫折，不得不对人们内心深处保守的儒家文化进行有益的借鉴，与此同时，也在客观上促进了儒家文化的新陈代谢，以及各种传统文化之间的互融并存。

---

① 《大总统注重人品》,《宗圣学报》第十四号（第 2 卷第二号），1915 年 6 月。

② 《阎百川将军著军鉴以重忠义》,《宗圣学报》第十四号（第 2 卷第二号）（1915 年 6 月）。

第二节 儒家文化与外来文化

近代各种外来思想文化传入山西之初，曾在全盘否定固有传统儒家文化的基础上进行传播，由此不可避免地与传统儒家文化产生冲突，受到群众的排斥与抵制，具体表现为由思想文化引发的冲突事件的频频发生，这些冲突在很大程度上基于外来文化与中国传统文化的价值取向的差异，例如祖先祭祀问题就很典型。

正是由于外来文化与传统儒家文化的种种差异与冲突，导致“华民信从洋教，始焉为数甚少，继焉为数渐多。至光绪年间诱之者日益加多，从之者日见其众。至庚子之年，穷乡僻壤莫不有之”。[①]在山西也是如此，西方外来文化传入山西之初，受到山西人的抵制，在传播过程中困难重重，之后在西学传播者的各种努力宣传下，外来文化逐渐在山西各地传播开来。当时的山西主政者认为只要是安本分、做善事，学什么文化的人都一样，都要相亲相爱。“中国的百姓，无论学什么孔教、佛教、道教、回教、天主教、耶稣教，均准人自由去学，只要是行好不作恶事，便是信教的好百姓。即外国人到我们中国传教，也都是劝人为善。我们中国人不明白这个道理，奉教的和不奉教的常常就闹些意见，生出许多的枝节来。须知传教是劝人学好，信教是为学成个好人。学佛教的是中国百姓，学天主耶稣教的，亦是中国百姓，与学孔教道教的百姓一样，并无什么分别。你们无论学什么教的，也要相亲相爱，不可两样看待。大家各安本分，如不安分犯

① 《州县官驱民入洋教》，刘大鹏《潜园琐记》，乔志强：《义和团在山西地区史料》，太原：山西人民出版社，1980年版。

了法，不论那一教，同是一样问罪的。”

由于山西深处内陆，风气不开，尤其是乡下人大都少见多怪，见外国人来到乡下，就会围住观看，或笑骂他，甚至于造作谣言。当时的山西社会治理者们认为山西人对待外国人的这种态度是由野蛮无知所致，“人有邻家，国也有邻家；人有朋友，国也有朋友。比如邻家的人或是朋友来到我家，算是客人，应该和平接待。外国人来我国，也是客人，也应该情理相待，这才算是文明国的百姓。”中国人应该学习外国人对待中国人的方式，即“和平信实，有情有理，也不仇视，也不谄媚，不远不近，将将恰好”，这才是“待遇外人的正道理”。在其教导下，山西人对待外国人的态度有所转变，这为西学传播者的工作排除了一定的障碍。

一、西学传入山西之初与儒家传统文化的冲斥

1620 年，西洋文化传播者艾儒略最早来到山西，身处内陆的山西人由此开始接触异域文化。人们对此所持的态度可谓大相径庭，有的人被其深深吸引，尤其是在“偏僻地方”[①]；有的人则持中立态度，虽不完全赞同却也并不排斥；多数人极其排斥外来西学，对其采取完全否定甚至敌对的态度，持此种态度的人，多受传统儒家文化的影响，思想较保守。从总体上看，由于儒家传统文化的影响，晚清初入山西的西学及其传播者并未得到山西人的普遍接受，但不

① “中央研究院”近代史研究所编：《教务教案档》第六辑，台北：“中央研究院”近代史研究所，1974 年版，第 740 页。

可否认的是，山西的儒家文化因此与外来思想文化开始有了一定的接触。

与其他省份如福建、浙江相比较，西学传入山西的时间比较早。但山西的信奉者并不是很多，而且他们大多都是从小接受中国正统教育，受到中国传统儒家文化的熏陶，如著有《铎书》的天主教儒者韩霖。从小深受儒家文化熏陶的人，当西学传入之时却成为一名虔诚的信奉者，仔细考究之后，可以发现他只是学习西学与中国传统儒家文化相通的一面，因而在外国文化与传统儒家文化的交流、融合方面，这些较早的信奉者起到了不可忽视的作用，最终促成了西学的儒家化。

晚清山西政府对西学及其信奉者较为排斥，从 1882 年到 1886 年，山西学院“不准奉教民入考”，山西省地方官以遵行学台之牌谕为理由，“向奉教各生童索取安分不敢妄为切实甘结，方准入考”，但又下令“不准癝保出具保结”，而此种做法“不但京中向无此例，而各省亦未曾有之”。1885 年，山西学政高于上任后，便开始查问所属各学教官，并于各考场前悬挂牌示，所云：“提督学院示，各学教官知悉，照得本院前准总理衙门来文，会同礼部议奏，生童中有习西教者，如果安分，暂令考生无庸除籍等语，原欲予以自新之机，故不麾诸门墙之外，惟须本生本童出具安分不敢妄为切实甘结，不许含混赴考，若抗玩不行具结，便系不安分确据，生员定行斥革童生即行扣考。”以不习教为安分，以习教为妄为，足可见政府当局之排斥态度。①

① “中央研究院”近代史研究所编：《教务教案档》第四辑，台北：“中央研究院”近代史研究所，1974 年版，第 331—333 页。

外来文化及洋教虽为“皇上明降谕旨准令天下行习之教”，但在晚清山西却通过禁止习教生童参加各种考试来限制人们信奉。尽管，1886年总理衙门下令山西学政称：外国宗教文化信奉者“应与百姓一律相待，应请贵衙门迅行山西大吏，转饬所属该地方官现办之事改辙相待，教民与百姓相同，不得再有分别”，“民教均属中国赤子，一视同仁，不可歧异”，“以后无论民教，准其一体考试”。[①]但现状一时很难改变，在山西从上到下仍然弥漫着一股对外来文化的排斥之风，致使外国文化在山西的传播远远难于其他省份，究其原因，与山西深处内陆长期受传统儒家文化的熏陶分不开。直到义和团运动失败后，这种排斥态度才有所改变。

二、山西人对外来思想文化的排斥态度之转变

自外国传教士携其文化初入山西之时起，就一直与山西社会各界不断发生着冲突，以至于其在最初的思想文化传播过程中遇到了极大的阻力。他们认为这其中的原因在于人们固守传统孔教，所以为了使山西民众接受其文化，他们开始反对孔教，在山西乃至全国掀起了一股反孔教的潮流。“定孔教为国教一事，赞成者固多，而反对者亦不乏人，据闻以天主教为最激烈”，李登华等来京上书大总统国务院宪法起草会及参众两院，要求取消宪法草案中“国民教育以孔子之道

① “中央研究院”近代史研究所编：《教务教案档》第四辑，台北：“中央研究院”近代史研究所，1974年版，第326页。

为修身大本”之一语。[①] 在来华外国人的极力反对下，袁世凯不得不召开会议重新议定孔教为国教一事，“定孔教为国教一案，国会业已否决，各省都督、民政长均不谓然，仍请重议……应召回两院重行提议。”[②] 经两院重议，最终决定将宪法草案中“国民教育以孔子之教义为大本”改为“以孔子之道为修身之大本”。[③] 但是，法律条文上的限制并不影响人们对儒家伦理道德的信奉。“孔教在中国，天造地设，立于国教之地位，勿论巧言如簧，也不能把圣教排斥得动。虽然目前被少数人推出宪典之外，未曾规定明文，然而天然的尊贵，依旧深入人心，不成文的习惯上，对于孔子仍充分信仰，占大多数人民的心理。”[④] 所以，无论哪种外来文化要想被中国人真正接受，就必须从人们的传统文化心理习俗入手，借助传统儒家文化来阐扬其要义。

初入山西的外来异质文化势必会与传统儒家文化产生冲撞与矛盾，要想在山西生根发芽，传播下去，就必然要在与儒家文化的冲撞中做出某种让步，努力与儒家文化相互融合，借助儒家文化来改造甚至重构其要义中的某些观念，使之更易于被山西的广大民众所接受。于是一些研究过中国经典、欣赏儒家学说的外国人为了摆脱困境，打开局面，往往试图把他们的思想文化说成是为更好地完成儒家教义的思想信仰。

西洋文化在传播过程中还对儒家所倡导的“恕”“孝”进行了阐释和借鉴，孔子在《论语·里仁》中说过：“参乎！吾道一以贯之。”

① 《反孔教之潮流》，《宗圣汇志》1913 年第 1 卷第五号。

② 《总统府会议要案关于孔教之问题》，《宗圣汇志》1913 年第 1 卷第五号。

③ 《北京孔教会来电》，《宗圣汇志》1913 年第 1 卷第五号。

④ 《说人民对于孔教之观念二》，《宗圣汇志》1913 年第 1 卷第五号。

曾子曰："夫子之道忠恕而已矣。"孔子认为"恕"就是"己所不欲，勿施于人"。孔子所言的"孝"是谓"能养"，"色难有事，弟子服其劳"[①]，也就是说，行孝道不仅要做到供养父母，而且还有对父母和颜悦色，心存敬重。

外国文化传播者在借助儒家文化打开山西人的心扉的同时，也对其要义进行了儒家化阐释，例如，天主教教徒利用儒家面对错误"反求诸己"的自省观来界定和描述天主教教义中"悔改是回到天父家里、是使人从罪累康复的工具，是通向救恩的道路"[②]的悔改观念；又如，利用儒家"仁爱"观来阐释其爱人如己的圣爱观，意在让山西民众明白其是一个极具平等与博爱精神的宗教，进而接受之。在借助儒家文化进行传播的种种努力之下，到民国时期，西学在山西的传播状况较晚清时期大有好转，信奉者呈现出逐渐增多之势，各地教堂亦逐年增加，据民国时期所修的《榆次县志》所载："吾榆在清光绪中，县南各村始有信其教者，今则日渐扩充，全县天主教堂增至十八九处。"

三、外来文化与儒家文化的融合

一些西学传播者在做过各种尝试后，逐渐意识到最行之有效的

---

① 孔子著，生昌义主编：《论语通译》，北京：光明日报出版社，2003年，第9—10页。

② [德]卡尔·白舍客著，静也、常宏等译，雷立柏校：《基督宗教伦理学》(第一卷)，上海三联书店，2002年，第365页。

文化传播方法还是借助中国传统儒家文化。1877年秋，山西发生了百年一遇的灾荒，应上海赈灾委员会的请求，在山东赈灾卓有成效的外国传教士李提摩太被派来山西，他“凭着最近在赈灾中的实际经验”来到山西，展开“传教和赈灾工作”。[①] 初到山西，李提摩太遇到的阻力主要来自统治阶级。“在中国，很多事情老百姓是仿效为官者的。作为君，作为师，官员不仅是政治的权威，而且是教化的楷模。这是传统孵育出来的社会心理。因此，没有权威与楷模的倡率，新的东西总是难以为人接受和仿效的。”[②] 民众对外来传教士的态度也常常被统治者的态度左右。

统治阶级以儒家文化作为维护封建君主专制统治的理论基础，需要用儒家文化在思想上禁锢人们的思想，而传教士的到来，不得不让他们产生恐慌，害怕新思想的传入会打破原有的依靠儒家文化建立起来的封建统治秩序，山西巡抚曾国荃就曾因为李提摩太的到来而“非常生气”，因为他认为“在中国，叛乱经常在人民对政府不满意的灾荒期间发生”，当时正值山西闹灾荒，李提摩太的到来“只是收买人心，使民众对政府离心离德”。[③] 因此，尽管李提摩太向曾国荃就自己此行的目的做了种种解释，带来了两千两白银准备发散给受灾难最重的灾民们，并出示了李鸿章给的通行证，曾国荃依然不依不饶地对李提摩太的行动进行百般阻挠。统治者如此，当时的山西民众亦如此。宣传外国文化的“传单被用于做中国式的鞋子，其他大

---

① ［英］李提摩太著，李宪堂，侯林莉译：《亲历晚清四十五年——李提摩太在华回忆录》，天津人民出版社，2005年版，第106页。

② 陈旭麓：《近代中国社会的新陈代谢》，上海社会科学院出版社，2006年版，第123页。

③ 同①。

部分宣传品的最终命运是被集中起来，同写有中国文字的纸张一起，在寺庙里烧掉”。甚至那些专门以销售图书为生的中国书商也都拒绝代销任何外国文化书籍，“认为做这种交易是对国家不忠，对一个有身份的人来说毫无价值”。①

统治阶级虽然不喜欢外国人在山西传播他们的思想文化，但在面临深重灾荒之时，面对外国人给予的帮助是没有理由拒绝的，这些从李提摩太的日记中可以反映出来：“当我向巡抚征求意见，问怎样才能更好地发放我将来收到的救济金时，他闪烁着狡黠的眼珠”，“在中国官员的完美配合下，救济工作开始了，井然有序，直到结束”。李提摩太等人在山西还是做了很多善事的，除了在山西协助救灾之外，“他们把西方的神圣典籍随同历史和科学书籍一起，翻译成了中文；同时把中国先贤的圣书和历史著作介绍给西方。”② 他们在把西方文明传播到山西的同时，也有力地推动了中国儒家传统文化向西方乃至全世界的传播。

正是基于传教士在灾荒中给予山西民众的帮助，在赈灾工作结束后，许多接受帮助的民众改变了之前的排斥态度，用不同方式表达着他们的感激之情。“平阳府的学者们——他们的判断完全受到了官方对传教士的传统态度的误导——立了一块石碑，铭记了我们提供的帮助，却得出了这样的结论：‘维吾皇万岁，恩被群生，光播四海。荒天僻野之民，咸来投诚，共舒民艰。’”③ 表面上看是对传教士

---

① ［英］李提摩太著，李宪堂，侯林莉译：《亲历晚清四十五年——李提摩太在华回忆录》，天津人民出版社，2005 年版，第 211 页。

② 同上。

③ 同上书，第 121 页。

的感激，但却把最终的功劳又加在官方的头上，“臣事君以忠”（《论语·八佾》），可见民众对官方的忠诚度达到了一定的高度。

此外，在“爱人如己”的慈爱观的指导下，西学传播者进入山西后，在山西开办了一些医院、诊所，把西医、西药传入山西，将内科、外科、妇科、小儿科、牙科、化验、病理等技术应用于医疗方面，同时为山西的卫生防疫工作作出了一定贡献，弥补了近代山西医疗卫生功能的不足，促进了山西医疗卫生事业的现代化。

因中外文化习俗的差异，许多外国文化的宣传册子并不赞同中国文化习俗，且不承认中国人所崇拜的大多数的事物①，所以，任何一个哪怕是多少受过中国儒家传统文化熏陶的中国人都是无法忍受的，其结果可想而知，这些宣传册子所到之处都会爆发“暴乱”，外来文化的传播因此面临种种阻挠。

因此，李提摩太在 1884 年提出：应“出版更好的传教小册子，以满足全省的需要”②；并建议“促进各民族之间的善意和相互尊重；在所有真正对中国有益的题目上启发中国”，及成立与此相关的协会。③李提摩太的确认识到了西方文化能否在中国顺利传播的关键，即在尊重中国人原有文化习俗的基础上，吸收和借鉴以儒家为主的中国传统文化信仰促进西学传播。曾在山西传教的郭崇礼也认为中国传统的儒家文化可以开民智，调解中外文化之分歧，如果把山西各地敬神演戏的花费用来办学堂，就会使“人人知礼、义、廉、

---

① ［英］李提摩太著，李宪堂，侯林莉译：《亲历晚清四十五年——李提摩太在华回忆录》，天津人民出版社，2005 年版，第 124 页。

② 同上书，第 170 页。

③ 同上书，第 171 页。

耻，守中国圣人之道，民智皆开”。他认同中国儒家的“格致学足以致修齐治平”，提出“今日治国之道，必须朝野上下皆有格物通人，则非学格致学不可。中外永远相安，更非明格致学不可”。①

在西学传播者“劝人为善，修道立教、开学堂、译书以开民智，设医院以治人疾病”②的种种善行的感化下，尤其是在维新变法中，“人们开始认识到，由来已久的对外国人的仇恨是不公平的；与外国人的友谊应当得到培养；中国古老的教育制度已经远远不能适应现代社会的要求，必须引进西方的学问。”③李提摩太在山西曾与当时山西省最有学问并曾被选拔出来负责《山西省志》修订版的编纂工作的儒学者同住一起，这位儒学者对西方文化评价很高④，可见，儒学者在一定程度上对西方文化还是认同的。

儒家文化与西方文化之所以能够互相借鉴，就是因为两种文化的某些内容确有相似之处，尤其是儒家文化中的“仁爱”与“推己及人”等思想，与西方文化颇多共通之处。《讲经公报》中有这样一段话，“耶稣在世时，某律法师问：何为律法之最大者，耶稣答曰：尔宜尽心尽意尽力爱尔之上帝，并爱邻如己，此即律法。”由此可知，耶稣“爱”字来概括被儒家称为“忠恕之道”的律法，二者其实是一致的，因为儒家讲“忠恕”，也是以“仁爱”为前提的，“仁

① 《教士郭崇礼条陈山西教案善后章程八条》，乔志强：《义和团在山西地区史料》太原：山西人民出版社，1980年。

② 《山西耶稣教案述议汇录》，乔志强：《义和团在山西地区史料》太原：山西人民出版社，1980年。

③ ［英］李提摩太著，李宪堂，侯林莉译：《亲历晚清四十五年——李提摩太在华回忆录》，天津人民出版社，2005年版，第243页。

④ 同上书，第143页。

爱”即“仁者爱人”，其核心也在“爱”字，而耶稣主张的“爱人如己”“舍己救人”，也是对儒家讲的“推己及人”“舍生取义”的借鉴。

综上所述，外来异域文化之所以能逐渐走进山西人的心灵进而被其接受，就是因为在传播过程中恰当地借鉴和利用了山西人故有的传统儒家文化观念，而西方文化之所以能成功地借用儒家文化传播，也正是因为其与儒家文化所存在着的种种共通之处。虽然近代来到山西的外国人借鉴儒家文化的主要动机大多是将其作为传教手段，而非真正弘扬传统儒家文化，但他们所传播的各种经儒家文化解释的西方思想文化，在客观上对于儒家文化在山西的传播与发展起到了积极的促进作用。

| 第三章 |

近代山西的革命运动与儒家文化

太平天国起义失败后，清王朝经历了一段所谓“同治中兴”时期，但由于资本主义列强的军事侵略和西学的冲击，清王朝所面临的内忧外患的危机并没有改变。这时，从清统治阶级的上层分化出一批洋务派，他们主张“时务”“洋务”或“西学”，提出了“自强”“求富”的口号，并采取了相应的具体措施。洋务运动不仅对当时中国的政治、经济、军事等领域的变化和后来的中国发展产生了多方面的影响，而且在思想文化领域，对以儒学为主导的中国传统文化产生了不小的冲击作用，从而促进了儒学的衰落及其向近代化的转换。①

---

① 参见姜林祥:《中国儒学史·近代卷》广东教育出版社，1998 年版，第 119 页。

第一节 洋务运动与儒家文化

20世纪40年代，范文澜在写作《中国近代史》时，对洋务运动定下了全面否定的基调。书中指出：洋务派“是封建军阀经过外国侵略者改造，适合于镇压太平天国革命之用的新军阀”，“是外国侵略者选择的最顺从的代理人”。

中国成立后的第一个十年里，关于“洋务运动”的专著只有牟安世的《洋务运动》。书中写道：“所谓洋务运动，乃是清朝统治者在汉族地主官僚和外国侵略者的支持下，用出卖中国人民利益的办法换取外洋枪炮船只来武装自己，血腥镇压中国人民起义，借以保存封建政权的残骸为目的的运动。毫无疑问，这是一个反动的、卖国的、并以军事为中心的运动。”这样的观点，也反映在当时的历史教材中。

洋务派所进行的仿效西方资本主义的经济活动，尽管它的政治动机和目的是反动的，力量是薄弱的，效果是不大的，但在一定程度上，它反映和代表了当时中国社会发展的新方向，因而在改变古老落后的封建经济，促进中国近代生产方式的发生和发展方面，在客观上起着一定的积极作用。之前，以政治标准衡量，它是反动的；而今，从经济角度着眼，则又体现出洋务运动在发展工业、引进西方先进技术方面，加速中国近代化进程的一面。

长期以来，学界只注意到了洋务运动在政治、经济方面的作用，却没有看到洋务运动在文化方面的影响，尤其是洋务运动在引进西方先进技术的同时，中西文化的碰撞和交汇扑面而来，犹如投石击水，在传统儒家文化的海洋里激起层层波澜。因此，以山西为例，探析洋务运动带给传统儒家文化的影响尤为必要和重要。

道光、咸丰以来，外侮日逼，国势不振。轰轰烈烈的洋务运动很快就成了过眼云烟，“师夷”遇到挫折后，“百日维新”也终归失败。中国的民族危机让有志之士寝食难安。外国先进技术文化的引进也让中国人开始重新审视传统儒家文化，彼时的中国人虽然承认西洋在力量尤其是军事技术上占优势，但在文化方面还是认为中国传统儒家文化居上，因此，洋务运动时期的中国人尽管在军事技术上学习外国，却仍保持着对中国文化的优越感。

在洋务运动时期，中国各地大都相继开始了近代化进程。由于交通阻隔等原因，相对沿海省区来说，山西比较闭塞。僻处内地的山西，虽说近代化起步较迟，但在洋务运动时期同样也开始了近代化。19 世纪六七十年代，当洋务派在沿海和长江流域各省兴办了一大批近代军事和民用工业企业，民族资本主义经济已经产生并已得到发展时，山西仍未受到外国资本主义经济的影响。直到光绪三年（1877），英国传教士李提摩太到山西赈灾，会见山西巡抚曾国荃，并向他提出一个“西化”山西的方案，山西这才有了一个开风气的动议。但是，李提摩太的包括开矿、兴实业、办学校在内的大规模“西化”山西方案，却被曾国荃拒绝了。四年以后，张之洞由京官出任山西巡抚。这个名闻一时的清流派健将，却在山西这块相对封闭的土地上，开始了他的洋务生涯，山西也由此迈开了近代化的步子。

光绪七年（1881）十一月，张之洞怀着满腔抱负来到山西。他一到任，就和怀揣“西化”山西方案的李提摩太交上了朋友，决心借助李提摩太的支持，在山西尝试举办洋务事业。光绪十年（1884）四月，张之洞发表了《延访洋务人才启》，开始为在山西兴办洋务而招徕人才。在招徕洋务人才的同时，张之洞开始具体筹办洋务事宜。他在发给下属的《札司局设局讲求洋务》中强调，“直省各局林立，取精用宏，裨益甚多，关系甚重”，山西“亟宜仿照兴办，极力讲求”。[①]

张之洞在任山西巡抚两年多一点的时间里，主要致力于兴办洋务，他的努力集中在编练军队、创办山西机器局、创办令德堂这几个方面。

在编练军队方面，张之洞认为山西绿营“军律日即荡弛”，“整顿营规莫急于此”，于光绪九年（1883）正月开始留意山西练军，期望达到“日臻强劲，缓急可用”。[②]为此，张之洞派员赴上海购买来福前膛枪、思费尔前膛枪、马枪、双响手枪、毛瑟后膛枪、云者士得后膛枪、哈乞开思后膛枪共8000余支，格林炮12尊，来装备山西练军。[③]

在购买西洋军火装备进行练军的同时，张之洞又向清廷奏准，在太原创建了山西机器局。他在太原创建的这个机器局主要仿制生产火药，以用于山西练军操练。该机器局虽然设备简陋，规模不大，采用封建衙门式的管理，但它招募工匠，内部已具有资本主义雇佣关系，采用大机器生产，具有近代工业生产的特征。因此，山西机器局成为山西历史上第一个近代工厂。

为了“变通”、开风气，培养封建统治人才，张之洞于光绪八年（1882）在太原创办了令德堂。为了进一步使山西大开风气，张之洞

① 许同莘：《张文襄公公牍稿》，1920年。

② 同上。

③ 冀满红：《洋务运动与山西近代化》，《晋阳学刊》1994年第3期。

又两次下令山西书局派人购买“南省书籍”[①]，打算将这些书籍用于培养新式人才。

正当张之洞踌躇满志，准备在山西全面推行洋务之时，于光绪十年（1884）四月被清政府调任两广总督，张之洞之后的几任巡抚也只是守成而已，因此山西的洋务活动自张之洞离开之后就暂时告一段落。直到光绪十八年（1892），山西布政使胡聘之派人在太原办起了太原火柴局，山西的近代化建设才又开始发展，并迈上了一个新台阶。胡聘之，湖北天门人，光绪十七年（1891）由顺天府尹升任山西布政使；光绪二十一年（1895）改浙江布政使，又迁陕西巡抚，同年任山西巡抚，光绪二十五年（1899）解任，在山西任职 8 年。[②]

除兴办太原火柴局，继续发展张之洞所创办的山西机器局之外，胡聘之还在山西积极兴办近代教育。光绪二十二年（1896），胡聘之奏请变通山西旧式书院，要求书院“参考时务，兼习算学，凡天文、舆地、农务、兵事，与夫一切有用之学，统归格致之中”。[③]得到批准后，胡聘之就对令德堂进行改造，“兼课天算、格致等学”[④]，注重学习近代西方科技。百日维新期间，胡聘之改令德堂为山西省令学堂，书院山长改为学堂总教习，并聘请两名西学副教习，仿照京师大学堂章程，中西并课，“以期明体达用，蔚为通才”。此外，胡聘之还将山西的一些州县书院改为高等小学堂，乡村私塾改为初等小

---

① 胡均辑：《张文襄公年谱》卷 2，1939 年版。

② 王轩、杨笃等：《山西通志》（光绪朝），中华书局，1990 年版。

③ 《时务报》第 10 册。

④ 朱有瓛：《中国近代学制史料》第 1 辑，华东师范大学出版社，1983 年版。

学堂，并于光绪二十四年（1898）九月在太原创办了山西武备学堂。该学堂每年招收120名年轻的文武世家、官幕绅商子弟及各营兵勇为学员，开设兵法、舆地、军器等课程，为山西培养了一大批新式军事人才。[①]

在胡聘之卸任后，山西的近代化建设的步伐并未因他的离去而停顿下来。从1901年到1919年近20年间，山西的近代化建设在工业、铁路、科技、教育等方面都有较大的发展。尤其是在教育方面，清政府开始实行“新政”后，在全国推行新学制，山西也出现了各种类型的新式学堂。冀满红对此做了专门的考述：“光绪二十八年，山西巡抚岑春煊奏准设立了山西大学堂。该学堂分中学专斋和西学专斋两部分，分设英文、日文、法文、俄文、代数、几何、物理、化学、博物、历史、地理、图画、音乐、体操、文学、工学、矿学、法律等课程，每年招收学生400名。山西大学堂是我国最早设立的新型大学之一，在中国近代高等教育发展史上占有重要地位。除大学堂外，山西各地还普遍设立了中小学堂。到宣统二年，山西有中等学堂27所，各县也大多设立了高等和初等小学堂。各类专门学堂也在这个时期纷纷出现。山西武备学堂于光绪三十二年改为陆军小学堂，同年，弁目学堂成立，两年后在陆军小学堂内附设直属清政府的陆军测绘学堂，高等巡警学堂也于同年设立。光绪三十一年，山西最早的师范学堂——山西师范学堂成立；光绪二十八年，山西农林学堂成立，是山西第一所实业学堂，5年后又设立了山西中等实业学堂；光绪三十二年，山西政法学堂设立，用以培养山西

① 冀满红：《洋务运动与山西近代化》，《晋阳学刊》1994年第3期。

地方官吏。这些学堂基本上是以近代科学技术知识为主要教育内容，为山西培养出了大量的各类专门人才。”①

从总体上来说，发生于洋务运动后期的19世纪80年代的山西近代化较沿海沿江各省之近代化整整晚了20年，而且山西近代化初创时期不过是点点星火，对山西传统儒家文化也就没有产生重大影响。究其原因，主要是因为山西地处内地，风气未开，自给自足的自然经济在山西根深蒂固。洋务运动初期，西方资本主义迟迟没有波及被太行山阻隔的山西。此外，鸦片战争以来的历任山西巡抚都不具有近代化意识。用张之洞的话说，鲍源深“太儒”，曾国荃“太滥”，葆亨“太昏”，致使山西“州县则苦累太甚，大吏则纪纲荡然”②，以至“公私困穷，几乎无以自立”。③虽然在经济方面山西的近代化远远落后于沿海省份，但也正是因为山西从地理到人文方面的保守性，导致了山西的传统儒家文化在洋务运动初期得到了较好的保存与传承。

尽管如此，在洋务运动后期，尤其是20世纪的前20年间，山西保有的传统儒家文化，受到当时创办的新式学堂所引进的西方文化的冲击，而开始向洋务派坚持的作为根本之“体”的方向发展。洋务运动时期，山西兴办的一系列新式学堂，在培养新式军事技术人才的同时，也为传统儒家文化注入了一些外来的文化成分，尤其是在一些接受新式学堂教育的知识分子文化视野里，外来文化让这些士人大开眼界，他们固守着的传统儒家文化以其兼收并蓄的宽广

① 冀满红：《洋务运动与山西近代化》，《晋阳学刊》1994年第3期。

② 许同莘：《张文襄公公牍稿》，1920年版。

③ 同上。

胸怀开始吸收和融合异质文化，他们从儒家修身治平的经世致用出发，正视现实，注重实际；他们抛弃了门户之见，去主动吸收借鉴自认为可资运用的外来知识。如杨之培曾跟随其父亲杨秋湄学地理，又在令德堂跟随杨深秀、吴锡钊学算术等，而使之通“中西法”[①]，成为令德堂学生仿效的榜样。

第二节　义和团运动与儒家文化

从基督教传教引发的社会矛盾中兴起了一场称为“义和拳”的运动，即义和团运动，拳民激烈地攻击教堂和教民，最终打出“扶清灭洋”的旗号，并席卷北京、天津乃至整个中国。“在义和团运动前，遇有老百姓与教民打官司，传教士威吓官府，老是教民沾光，因此老百姓都痛恨侵略者。义和团在直隶发展起来以后，在山西也于光绪二十六年发展起来。”19世纪末，在中国大地上兴起了以“扶清灭洋”为口号的义和团运动，这场针对西方在华传教士及中国基督教徒的大规模的群众暴力运动首先发生在传教士活动较频繁、教案频仍的山东，继山东之后，山西也深受影响，各地亦兴起了义和团活动。山西义和团据传说传自榆次什贴镇，进入省城太原后，最初人数不多，后逐渐增多，各地年轻人们纷纷参与练习义和拳。“后来，八国侵略军进北京，清政府镇压义和团后，山西的义和团活动

① 常赞春：《山西献征》，卷6，山西文献丛书编委会，1980年。

逐渐少下去。”[①]

“庚子三月，闻山东、直隶练义和拳者甚多，极其神妙，谓是仙人传授，练习既成，枪炮不能施，刀剑莫能伤。专事除灭洋教。初以为谣言，五月中旬传言吾晋亦有之，仍未深信。至下旬，言吾乡有练者，仍疑信参半。迨六月初旬，晋阳一川练者纷纷。未经一旬，遂联群结伴，焚烧教堂，屠戮教民，扰扰攘攘，俾民不安。”[②]

练习义和拳者多系孩童后生，“凡练习者并无拳师指示，唯向东南方拈香三炷，跪拜礼毕，面东南而立，手切一诀（大指切食指第三节），默诵一咒曰：‘南极仙翁、太上老君、弟子奉请金冲、罗神、十二门人、三仙圣母、唐僧、沙僧、八戒、悟空。’师傅即到。或仅念：‘唐僧、沙僧、八戒、悟空，学艺学艺，一心熟艺。’立即仰面倒地，如入梦乡。未几手足动转，挺身起舞，容色凶怒，眼闭不开。始焉握拳透爪，踊跃奔腾；继焉画地为兵，空手如持。或为大刀舞，或为短刀舞，或为双戟舞，或画钜石而举之，或画劲弓而挽之。或射箭、或用矛、纵横自如，十分犀利。而其妙也，颠起倒插；而其猛也，披劈横击；而其快也，活捉朝天；而其柔也，智当斜闪，情形则如醉如痴，蹲伏则如狼如虎。练数刻而卧地，仰面歇少顷，又起练习。久之，而后恍然醒，或以土抹其面，醒之欲又练者，再持咒。询诸练者，谓：持咒请神后，遂觉昏愦，则不知手之舞之、足之蹈之之所以然也。练久眼即开放，不至如始练之闷闷焉。尤可异者：练习怠惰，即自行抢地，臀若受笞，口且呻吟，起遂痛楚难行。

① 《省城太原义和团活动点滴》，乔志强：《义和团在山西地区史料》，太原：山西人民出版社，1980年。

② 同上。

谓：神师震怒，予四十军棍以警之。有未逾时而受责数次者矣，此外又有练摆行阵者，持法令者，书写符咒呼风唤雨者。神神鬼鬼，怪怪奇奇，幻焉冥焉，人不得而窥测焉。”①

“三晋编氓纷纷然练习义和拳，而妇人女子亦突起练习红灯照。”“庚子年三、四月间，山东直隶红灯照之妇女如云如荼。迄于六月吾晋亦有之。”“凡妇人女子亦突然练习红灯照。凡妇女练习，面向正南，焚香一炉，敛衽四拜，叩首起立。右手持扇一柄、红巾一幅，左手掐切一诀、口念一咒：‘赫赫炎炎，日出东方，三仙圣母，观音菩萨，吾奉太上老君女娲娘娘急急如律令。’须臾而踣，未几起舞，不异拳民。初似嬉戏，久则登高越垣，如履平坦。均在闺阃静谧处练，忌男瞻瞩。女多归少。”②

山西练习红灯照妇人女子主要集中在太原、榆次、太谷三县，“田村有八女，年十七者三，年十五者二，年十四、十三、十二者各一。黄冶村有幼女一，年十龄；孀妇一，年三十。洛阳村有三女，年十七者二，年二八者一。此皆出头露面襄助义和拳剿灭洋教者焉。晋祠有五女，年二七者三，年二八者一，年二六者一。姚村有四女：年十一者二，及笄者二。邵城村有三女，皆垂髫。小店镇有六女，年十三者三，年十七者一，年二九者一。此皆练习闺中，而父母兄弟禁锢不容外出者也。榆次南田村有红灯照之女年十七，号曰杨娘娘，能预知教民之所为。北田镇一带之义和拳，莫不附听指挥，凡教民所行妖邪，均被杨娘娘破败，一时奉之如神。郭家堡有二女，

① 《晋民练习义和拳》，刘大鹏：《潜园琐记》，乔志强：《义和团在山西地区史料》，太原：山西人民出版社，1980年。

② 同上。

一年十五,一年十七。练习三日，其父母设法禁抑乃罢。上营村有及笄女一，能升屋如飞，家人惧而锢之。太谷小常村有三女，十三者二，及笄者一。南席村有四女，年十四者三,十六者一。皆能踊跃如男，腾空七、八尺而不倾跌。白燕村有妇女二，姑嫂一家，姑年十四，嫂年二十五，能使平地起火。西贾村有一女，只能跳跃，别无他奇。”①

在红灯照之外，又有“蓝灯照，黑灯照，亦系妇女为之”。而“白灯照，绿手照则为教妇所行之法，谓可破红灯照与义和拳”。于是就在义和团与教民之间开始了斗争，在斗争中许多教民都被义和团所诛灭铲除，如“榆次范家堡有白灯照之妇，年三十余，身穿白衣，手持水瓶，腾空而行，被义和团诛之。三贤村有白灯照之妇女，二十余岁者一,三十余岁者一，满身孝服，各持一瓶，升屋登垣，利如鸟雀，均为义和拳所歼。绿手照则见于榆次城。六月六日夜半，讹言教民反，人皆登城守御。城外声势危急，俨如万众攻围，红黑气中忽有绿手大如车轮现于空际，状欲攫人。群黎惊惧，指而呼号。义和团告众曰：‘此教民之绿手照也，须大师兄（什贴镇人，年十二，是夜在榆次城中）破之。’大师兄用手一指，雷雨大至，人皆避之。须臾雨止，其异亦无。”②

义和团运动就这样在义和拳与红灯照的推动下轰轰烈烈地进行着，拳民们打出了“扶清灭洋”的旗帜，焚烧教堂、戮洋人、诛教民。朝廷见义和团运动声势如此凶威，无法镇压，于是就搬洋人来

① 《晋民练习义和拳》，刘大鹏：《潜园琐记》，乔志强：《义和团在山西地区史料》，太原：山西人民出版社，1980年。

② 同上。

助其剿灭，于是在义和团与洋夷之间展开了一场激烈的混战。在山西，由于政府的支持，拳民们在与洋夷的斗争中取得节节胜利。光绪二十六年（1900年），即庚子年三月，毓贤任山西巡抚。“6月27日，晋垣英教堂火，洋夷震慑。晋抚毓贤闻诏，遣兵守洋夷。7月9日，洋夷谋乱，伏诛凡五十余名，并诛与谋教民五十余名。7月10日，法教堂遭回禄，拳民搜出及笄之女并垂髫女二百余名，均喃喃念经。毓命安置桑棉局，委员令民领娶（每女二金），两月始完。法教堂左右教民数十户。男女各聚一处；中丞谕反教，不从。7月22日，抚署伏刺客，拳民号大师兄者请见中丞，于跟役中指出，讯实而诛。因编拳民为营，驻扎承恩门外，以听差遣。”①

由于洋夷侵入，来势凶猛，“时在晋洋夷业经暗与教民议，在省倡乱，占据城池，召其国之兵，长驱来晋。”义和团遂演变成一场官民与洋夷的斗争，山西巡抚与义和拳联合对洋夷进行了诛灭。“毓中丞命中军参将引抚标亲兵，将在省之夷圈禁于猪头巷之客馆，名曰保护，以防义和拳之有伤洋夷也；潜拘教民，严密审讯，悉洋夷谋乱事。7月9日，毓抚戎服督兵至客馆，提解洋夷，俱赴抚署西辕门外，次第骈戮，凡四十余夷。”②

朝廷及官吏虽然可以对洋夷进行诛灭，但对于那些凭借外国传教士横行于世的教民，则只能依靠义和拳去诛灭，于是义和拳民便趁势异军突起。之所以要诛灭教民，是因为“道光、咸丰以来，洋

---

①《晋垣拳民》，刘大鹏：《潜园琐记》，乔志强：《义和团在山西地区史料》，太原：山西人民出版社，1980年。

②《晋抚诛洋夷》，刘大鹏：《潜园琐记》，乔志强：《义和团在山西地区史料》，太原：山西人民出版社，1980年。

夷建立教堂，以利饵民，诱其从教”。入教的民众“恃洋夷之威，武断乡曲，敬十字之架，侮谩百神，罔知自己错误，而反诮人昏迷，此固可痛恨者也。若不歼除，则吾道殆将澌灭，而华夏亦将变为夷矣”。教民虽然罪恶深重，但朝廷官吏迫于外界的压力并不能正其罪，“顾教民之罪虽不可宥，而其凭借洋势，赫赫炎炎，朝廷不能正其罪，官吏不能究其罪，横行闾左，百姓侧目。间或挑衅，官惟袒教虐民，则教民之势愈炽，百姓之忿愈深，此光绪庚子年义和拳民所以遍中国而纷然突起也。……朝廷不能诛，官吏不敢诛，而义和拳诛之，即非义和拳亦皆欲得教民而诛之。”①

在教民中，不乏儒士，洋教“以朱提诱儒士为其弟子，登名于册。四季命题《天主耶稣如何出处》劝课，评定甲乙，张榜于教堂。每名奖赏多者二三十金，少者四五金”。在洋教所设立的种种诱惑面前，一些儒士经不住诱惑，见利而趋，多从其教。一些入教儒士为了表示自己归教之诚意，以及对天主耶稣的敬意，甚至不惜将自己祖宗父母神牌全行毁弃，更有一些“无耻之士亦尝应洋教课，希图得金”。入教儒士的种种崇洋媚外的行径，“有害于人情风俗，为中国之大患。”②

教民之危害最大者即教民之邪术，随着入洋教者的增多，教民之邪术亦横行于山西，“教民之邪术虽横，而义和拳忿恨却深，此屠戮教民之举，所以到处不免也。”山西的拳民及百姓对教民的种种邪

① 《教民》，刘大鹏：《潜园琐记》，乔志强：《义和团在山西地区史料》，太原：山西人民出版社，1980年。

② 《州县官驱民入洋教》，刘大鹏：《潜园琐记》，乔志强：《义和团在山西地区史料》，太原：山西人民出版社，1980年。

术进行了积极的防范和抵制。在太原“义和拳纷纷突起，专事屠戮洋教”。光绪庚子年（1900年）六七月间，“太原一郡邪术横行，村村守井，以防毒之投；人人执草鞭，以防黑风口之咬；处处戒拾物，以杜毒之害；户户悬红灯，以破邪之扰。昼则草野纷纭，夜则梦魂惊恐，天色昏暗，日月异常，城堡昼掩戒严，万姓祷神（每夜拈香向东南拜祷）庇护（纸炮火枪通宵不歇）。”①

义和拳在诛灭教民的同时，也壮大了其自身的力量，在山西甚至达到了不可控制的地步。光绪二十七年春三月，为镇压义和团运动，“山西巡抚履任方新，固关之役初罢，遂定迎寇入晋之议。”洋夷被迎入山西后，“未几移驻令德堂，洋夷据为己有，将主讲令德堂之师长并肄业诸生全行逐出，改名古令德堂，为洋夷会议之所。”令德堂是张之洞为弘扬儒学所设的学堂，而洋夷占领令德堂就意味着对传统儒家文化构成了直面的冲击，洋夷此举激起了固守传统儒家文化的山西民众的强烈不满，于是“三晋全省教案繁兴，而各处教民凭借夷势鱼肉闾里矣”。②

综合上述山西民众及拳民们对洋教民及洋夷的态度可知，山西民众对洋夷及教民自始至终都是持一种敌对排斥的态度，其中包括曾任山西巡抚的毓贤，他在联合拳民诛灭洋夷过程中得到山西民众的一致认可，以至于在毓贤去世后，“省垣绅商倡捐勒石，纪公德

① 《教民横行邪术》，刘大鹏：《潜园琐记》，乔志强：《义和团在山西地区史料》，太原：山西人民出版社，1980年。

② 《晋抚迎洋夷入晋》，刘大鹏：《潜园琐记》，乔志强：《义和团在山西地区史料》，太原：山西人民出版社，1980年。

政，树碑于迎泽门外。”[①]

1901年，以镇压义和团运动为借口侵入中国的八国联军攻占北京，义和团运动失败后，尤其是中国被迫同列强签订《辛丑条约》后，洋夷指使清政府继续铲除各地残余的义和拳，山西政府官吏遂对山西的义和拳进行了残害，“光绪辛丑春，和局既成，山西官吏一意抚恤教民，残害义和拳，谓庚子七月京师之变，洋夷谋寇三晋之祸，均肇端于义和拳，故一经教民指控，辄缧絏到案，杖责监禁，备极惨酷，囹圄盈满，至莫能容。”“九月中旬，太原府城将充义和拳者一朝而杀数十人。均将首级解归原籍，枭以示众。其中有教民素日仇视之良善，未曾练过义和拳，而教民竟指为义和拳之领袖，不能解脱者抑亦繁多。”“此三晋人民所以痛心疾首呼天而诉之也。”[②]

此外，为了偿还《辛丑条约》中所规定的赔款，清政府将此款项摊派到各省，“山西一省每年派偿四十万金。”[③] 于是，山西以增加厘税来偿还洋款，并制定了十三条具体加税条目，均以五十年为限，内容如下：

“其一，加收货厘、土药四成，银七万两。

其二，加通省斗银二万两。

① 《晋垣绅商为立德政碑受罚》，刘大鹏：《潜园琐记》，乔志强：《义和团在山西地区史料》，太原：山西人民出版社，1980年。

② 《晋官吏杀义和拳》刘大鹏《潜园琐记》，乔志强：《义和团在山西地区史料》，太原：山西人民出版社，1980年。

③ 《晋加厘税以偿洋款》刘大鹏《潜园琐记》，乔志强：《义和团在山西地区史料》注：按《辛丑条约》赔款，帝国主义强迫于39年内缴清，此项“赔款”，山西每年摊一百十六万三千两，此处所记，有误。

其三，加商畜税银一万四千两。

其四，加牙税、盐税、油酒缸课银六千两。

其五，加收蒙古盐厘金银三千两。

其六，加收煤炭厘金捐银一万两。

其七，扣马干三成银五万两。

其八，扣报粜米豆价银六千两。

其九，文武职官报效银五万两。

其十，筹河东盐务商捐银八千两。

其十一，由藩库公用生息项内节省银八千两。

其十二，停解节省饷银四万两。

其十三，停放董军回队饷银一十一万五千两。”

政府加收厘税，直接导致了物价的飞涨，无形中加重了民众的负担，“自有此举（加厘税），百物腾贵，粟价亦昂，闾左群黎倍加困顿，奸商市侩莫不借口居奇，如盐每斤原二十钱，一加厘税，则涨至四十钱，其余可类推也。”[①] 此外，民间的捐赠也成为偿还洋款的重要途径，这一举措直接导致了传统读书做官仕途的转变，因为“凡财多者皆得官职，不必读书，身即显贵，”这就导致那些“读书寒士愈无登进之阶，淹没草野，有致叹不如商贾丰衣足食者矣！”[②] 于是，而有大量的读书人转而经商，商人的地位大大提高。

此外，义和团运动对传入山西的外来宗教也产生了极大的影响，

① 《晋加厘税以偿洋款》刘大鹏《潜园琐记》，乔志强：《义和团在山西地区史料》，太原：山西人民出版社，1980 年。

② 《辛丑岁减成捐实官》，刘大鹏：《潜园琐记》，乔志强：《义和团在山西地区史料》，太原：山西人民出版社，1980 年。

教会从中获得了经验教训，此后转而不再干预诉讼，同时采取了调整宣教策略、加强信徒宗教教育等一系列旨在改善的措施。法国于1905年颁布政教分离法之后，翌年即1906年1月放弃了本国以外的在华天主教护教权。教案事件的发生因之逐渐减少。

第三节　辛亥革命与儒家文化

山西辛亥革命作为全国辛亥革命的重要组成部分之一，它摧毁了山西的封建专制统治，有力地支援了全国辛亥革命的进展，在近代中国资产阶级革命史上写下了光辉的一页。辛亥革命之后新礼俗生活的开始，致使传统儒家习俗文化被抛弃。在采用公元纪年的同时也将沉淀着传统儒家文化精神的礼俗，视为文化糟粕。因此，辛亥革命成为传统儒家文化脉络中的痉挛。武昌起义后不足两旬，山西同盟会员即行响应，在清廷的侧翼和清军的后方点燃了起义之火，不仅彻底推翻了清政府在山西的专制统治，而且极大地动摇了清廷在全国的统治地位。

辛亥革命之前，帝国主义通过在山西创办一系列洋学堂进行文化侵略，试图为国内外反动派培养忠驯“奴才”，但事与愿违，洋人创办的新式学堂在客观上却变成了传播资产阶级革命思想的阵地。同盟会初创时，即1905到1906年间，山西同盟会会员发展到五十五人，占全国同盟会会员总数的十八分之一，已经成为革命的一支中坚力量。同盟会进而控制了《晋阳公报》，革命党人借助《晋阳公报》来进行扩大宣传，获得民心。在山西同盟会的领导下，由山西武备学院和山西大学堂毕业后被选派到日本的留学生中的革命党人不断返籍进行秘密活动。他们深入各个学堂，奔走乡间城镇，联络会党，筹集资金，创办学校，运用报刊、传单鼓吹“建立二十世纪民国，还五千年神州”的革命思想。[①] 于是“青年文武学生，暗中加盟者日多”[②]，山西同盟会迅速发展壮大起来，群众性的反帝反封建斗争出现了前所未有的生机。

民国时期，尤其是在辛亥革命后，封建专制被推翻，儒家文化也因此失去昔日的政治支柱，民主共和观念深入人心，各种新的思想观念冲击着传统儒家文化，从官方到民众都兴起了一股反孔潮流，但这一潮流在山西的影响并没有那么大。民国元年，“国务院反对孔教，教育部规定中小学校废止读经，各处有随便读经的又要遭视学先生们强制层层去抹”，[③] 辛亥革命后，执掌山西的政要们，实行的每一项政治事务都带有浓厚的儒家文化色彩，并把中国未来的发展寄托在复兴儒学上，由此也导致孙中山三民主义改造中国的方针难以正常实行。而山西的儒家文化则在当局的极力推崇下，获得了重生和发展，这在当时全国各地都引人注目。

① 《民报》（合订本）第二册第 13 号。

② 中国史学会编：《辛亥革命》第六册，上海人民出版社，1961 年版，第 173 页。

③ 《孔教讲演词》，《讲经公报》第一期。

第四节　五四运动与儒家文化

如果说辛亥革命点燃了照亮中国新民主主义革命序幕的曙光的话，那么正式将无产阶级领导的中国新民主主义革命序幕拉开的却是五四运动。十九世纪末二十世纪初，随着外来思想的涌入，在中国的农业宗法社会逐渐向现代工业社会转型的过程中，儒学一直受到严重的挑战。五四时期是用西方文化中的“德先生”和“赛先生”来打倒孔家店的，“文化大革命”中，又以“左”的思想为指导，评法批儒，批孔子。这两次疾风暴雨式的批判，两次革了儒家思想的命！但是，儒学一直未变，变的仅是其形而下层面的器。终究还是“中学为体，西学为用”论。

五四运动时期，中国反儒学的传统越来越大，以陈独秀为代表。在那个时候，中国最好的知识分子也都在反儒，儒家传统受到了一批最杰出知识精英的批判，这在客观上对儒家传统的继续发展作出了贡献。因为，如果没有他们的严格批判，不把儒家的阴暗面全部暴露出来，儒家的真正价值就很难体现。

儒家文化在中国的思想长河中起到很重要的作用，这是必须承认的。五四那一代知识精英的传统文化底蕴是非常深厚的。正因为他们的批评性非常强，使得传统文化包括儒家传统中的阴暗面，以放大镜的方式被暴露无遗：比如说“三纲”问题，专制政体的问题，鲁迅所说的国民性的问题，胡适提到的裹小脚问题、纳妾问题、抽鸦片问题、懒散问题，孙中山批评的“一盘散沙”问题等等。然而，所有这些问题都是在儒家文化极其深厚的情况下被提出来讨论的，如果这些知识精英对儒学没有充分的理解，对儒家内在的阴暗面没有充分的认识，就无法对儒家传统中的阴暗面进行有力的批判，也就不能够对儒家的精华用现代的语言进行阐述，而只是一味要宣扬、弘扬。

五四运动在山西，得到广大学生的支持，他们积极参加北京学生的罢课行动，“晋学生受新文化之感化，一变其机械的惯性，渐呈活泼泼之气象，去年五四之役，响应不落人后，适胡适之君游晋，晋生随往转学北大者，多至五十余人，此皆娘子关内之好现象也。”但是对于上海之罢课，山西的动静较小，而且学生的罢课也是有组织性的，“上海未罢课时，晋生似不甚与沪会接洽，故沪上罢课，晋生绝不为动，浅识者方谓此次风潮可不再波及晋阳矣，实则晋生向以北京学生之举动为举动，及京校罢课之耗至，于是群情激奋，大有不可终日之势，”晋省的学生罢课主要集中在星期三，“因晋校通例，每逢星期三，许学生出入之自由，观于去年之罢课，实发生于星三之自由集合。”①

据 1920 年《申报》报道，晋省学生罢课的大致情况如下：“罢课之手续，极为简单，先一日下午四时，由总干事部，招集大学校法政晨业工业商业等四专校，阳兴明原一中等三中校，以及一师共九校代表，在大学校议决星期三一律罢课，是日晨，各校生皆相约不上课，九校校长齐往省署为照例之辞职，下午一时许，学生约二千余人，齐集海子边（太原之惟一公园），全体排队游行，并未往谒当道（去年会至省议会及军署），仅发布宣言书于各机关而已，宣言书如下：山西省垣中等以上学生，谨以最恳切悱恻之语，布告于

① 《山西通信》，《申报》1920 年 5 月 6 日。

我全国父老同胞之前，自五四运动以来，吾辈牺牲实贵光阴，若尔时之备当险阻艰难万般，无非欲警觉政府，挽同利权，心可白天，志可誓日，乃秉钧者只知肉食，全忘瓜分惨祸，最近于中华民国学生联合总会之通电要求三事，（一）山东问题拒绝直接交涉，（二）废除中日军事协定，（三）对于民国四年以后密约，暂不承认，而政府置若罔闻，渺无答言，此而可忍，孰不可忍，本总会决议罢课，促其反省，即于今日实行停止上课，与各地一致行动，此出于不得已之悲愤，无如何之苦衷，凡有心人，当共谅之。”①

山西学生在参与罢课，支持五四运动的同时，也不忘学业，罢课完毕之后，立即投入到学习中，他们谨记：“上课就是爱国”。“山西省城中等以上学校，多至二十余处，学生不下万人，此次罢课，凡含有特别性质之学校，均不与焉，如二千四百学生之国民师范，及外国语学校医学传习所等，均采取旁观态度，”“山西此次之罢课，完全为敷衍面子计，并非出于自动，故学生仍注重自修。”②

五四运动留给后人尤其是青年一代最宝贵的就是其伟大的爱国精神。“爱国”这个字眼虽然都很熟悉，而真正的“爱国”却不是任何人都能做到的。在黄花岗七十二烈士殉国纪念日，山西当局曾就此向青年们训言，要他们学习“黄花岗七十二烈士为了革命的成功，不顾一切地慨然赴义，轰轰烈烈的牺牲，这种壮烈成仁的精神”。亦即儒家为了实现“仁”的最高道德准则而不惜舍弃生命，“志士仁人，无求生以害仁，有杀身以成仁”（《论语·卫灵公》）的精神。这种“杀身成仁，舍生取义”的精神“是可以动天地而泣鬼神的，也

① 《山西通信》,《申报》1920年5月6日。

② 同上。

是代表了我们青年不顾小我成全大我，为人类正义而英勇果敢的唯一精神”。因此，当局号召青年们要“为人类的正义仁道而奋斗”。发表此言论时，正值太原保卫战进行时，所以当局号召青年们要勇于参战，保家卫国，为捍卫正义而战，说：“目前，我们正坚持着进行的太原大保卫战，是神圣的，是正义的，是为了保卫人民的生命财产与我们革命的基地，以求恢复晋中收复全省，实现生活、是非、劳动、牺牲的四平等，谋求人民富强文明公道森严的真幸福而争取最后的胜利。我们青年应该认识此，把握此，抖起我们青年具有的奋斗精神与革命的能力，为巩固与扩大战斗城，而作坚忍不拔英勇果敢的奋斗。”在为正义而战的保卫战中，青年们“要以身示范的实践战斗城十二行动纲领，特别是坚强的战斗意志，旺盛的学习精神，高度的劳动能力，规律的生活行为，自觉的生活习惯，热情的互助互管，忠贞的革命本质，正确的中心思想。在统一认识，统一行动，集中意志，集中力量的目标下，团结起来，发挥革命性的团力，争取保卫战的胜利，争取革命的成功”。①

从上述发生在近代山西的各大社会运动及其对儒家传统文化的影响可知，儒家文化并没有因各种社会运动的冲击而衰落甚至销声匿迹，反之，儒家文化在历经数次磨难之后，变得更为顽强而有生命力，而且也更加深入人心，从而有助于运动之后山西社会的治理与安定。

① 《对各教育训练机关手谕之九》,《会长重要训话选辑》, 1941 年。山西省档案馆藏。

| 第四章 |

近代山西的儒学文人与尊儒机构

儒家文化在中国漫长的封建社会中演进成一种民族精神，获得了生命形态，成为中国几千年封建社会的意识形态，成为中国人立身处世的原则和规范。而且在民国时期的山西社会，无论是在官方，还是在民间，人们的思维方式、是非善恶的价值标准、人际交往以及做事的态度和方式，无不打着儒家文化的烙印。历史的洗礼和各种文化的挑战，并没有使儒家文化消亡，儒家文化在民国时期山西人的生命中仍然活着，而民国时期山西所创设的各种尊儒机构及其所发行的各类刊物，更为人们学习、弘扬儒家文化提供了广阔的平台。各种尊儒机构及其刊物对儒家文化的大力弘扬，使儒家文化在民国时期的山西获得了广泛的普及和较大的发展。

第一节 近代山西儒学文人及其地理分布特点

在近代山西，因儒家文化延绵不断的存续发展，曾出现过不少信奉并践行儒家文化的学者文人，如极力倡行儒家民本主义的祁寯藻，博览陆王之学的徐继畬，立足于民本思想认为民心可恃的张穆，主张以纲常礼教治理社会的乔松年以及精通儒学的思想家、教育家侯外庐，对这些儒学文人的思想主张及地理分布进行考察，不仅有助于了解近代文人眼中的儒家文化，而且可以管窥近代山西儒家文化的地理分布特点。

一、近代山西儒学文人举例

1. 祁寯藻

祁寯藻（1793—1866年），山西寿阳县平舒村人，据史书记载："祁寯藻，韵士子，字叔颖，号春圃，又号实甫，幼而颖异，读书过目不忘，十五岁补弟子员，新城陈钟谿先生器重之，十八岁领嘉庆庚午科乡荐，甲戌捷南宫改庶，常授职编修；道光间，累官至体仁大学士，军机大臣初父以宝泉局铜案事被逮，公随侍狱中多方慰藉，亲赖以安，母刘氏性最严，延师课读，督责备至，偶一懈怠，辄加棰楚，而公奉命惟谨未尝稍失，母欢由翰林至内阁无异为孺子时，道光癸未视学湖南裁革新生红卷陋规，奏复童生复试黎明入场之例，以杜流弊科考，并裁选拔优生，卷费贽仪，湖人至今，德之丁酉视学，江苏叠奉谕旨严禁鸦片烟，撰新乐府三章，刊示各处，又重刊宋本，说文系传竝刊，朱子小学恭书，圣谕广州竝。钦定黜异端以崇正学四言韵文重修常州试院考棚，文教一新，咸丰间发捻，滋扰度支，匮乏拮据，筹书以给军饷，不忍巧取，以累民议论与言利之臣多不合，因而谤讟繁兴赖，圣主素鉴其忠卒，能保全始终，以大学士致仕其忠言，说论类皆造膝敷陈不肯轻泄外人，固不得而尽知也，同治元年，蒙皇太后特旨，起用以大学士衔，补授礼部尚书，在弘德殿授皇帝读，每有讲说誾誾恻恻出于至诚时，皇帝方读大学旲疏，反复推明为君止仁一语，进呈朱子小学及陈宏谟大学衍义辑要，杜诏读史要略等书，又屡陈时务保荐贤才，复疏陈弭盗安民必须循吏，请分别表彰录用，病中得句云病久岂忘忧世念，梦中还有荐贤心，公生平心事于此，概可见矣，薨年七十有四，时同治五年九月十二日也，生蒙谕旨皆有忠清谅直之衰，薨晋赠太保谥文，端入祀贤良祠所，著有《谷曼谷九亭诗集》《马首农言》，勤学齐笔记行于世，书法为一时最人共宝之，至廉俸所余辄以赒族戚交游人之待以举火者，常数十家，则又有范文正之遗风焉。”①

由上述记载可知，祁寯藻，清嘉庆十九年（1814 年）进士，由庶吉士授编修，官至体仁阁大学士、太子太保。道光十九年（1839 年）赴福建筹办海防，查禁鸦片。咸丰帝即位，更得重用。后自请辞官。咸丰、同治之际，密陈厘捐病民，力请罢止。祁隽藻曾因反对肃顺重用湘军，以病辞仕。同治元年（1862 年），授命复出，供职弘德殿，教同治帝读书。后病卒北京，谥号文端。祁隽藻有着“三代帝师”（道光、咸丰、同治）、“四朝文臣”（嘉庆、道光、咸

① 《光绪寿阳县志》，《中国地方志集成·山西府县志辑》第三册，教育出版社，2005 年版。

丰、同治)、“寿阳相国”之称，他一生忠清亮直，勤政爱民，举贤荐能，政绩卓著，横亘嘉庆、道光、咸丰和同治四代，辅政为官达四十六年之久。

“病久岂忘忧世念，梦中还有荐贤心”常被后人拿来称赞祁寯藻，后人称他一生忠君、勤政、爱民、崇俭，是官吏中的模范。然而，作为一个饱读四书五经的读书人，祁寯藻的思想深受传统儒家文化的影响，孟子以民为本的思想成为他一以贯之的处世立足点。无论“立庙堂之高”，还是“处江湖之远”，他都不忘天下万民。即使是在他被削职为民的数年间，也不忘为民排忧解难，潜心研究农事，编著了一本用以指导农耕的《马首农言》。祁寯藻的故乡寿阳县古称“马首”，《马首农言》因此而得名，顾名思义《马首农言》就是记载马首即寿阳这一代的农事的。该书分别从农耕、水利、畜牧、桑蚕等方面，论述了寿阳一带的农业问题，全书共三万余字。其中，对后世影响最大的要数《马首农言·农谚》，一个半世纪以来，这些谚语大多依然流传于寿阳广大群众之中。此外，《马首农言》中记载的不仅有农谚、方言、地势、气候、农具、病虫害、畜牧、水利等多方面的农业技术，还有祀祠、织事、物价、人情、风俗、古建等方面的民风俗尚和社会知识。《马首农言》因此而成为一部系统论述地方农业生产的优秀著作，不仅在清末民初广为传阅，而且对现代的农业生产和农业史的研究，也有着重要的借鉴价值。而祁寯藻所恪守的儒家民本思想以及他在编著《马首农言》中所体现出来的务实的思想更值得后世读书人学习借鉴。

在中国传统文化中，对祁寯藻影响最深的孟子的民本主义思想是很激烈的。他以这样一种思想入仕，自然会与“君权至上”的皇权主义发生剧烈碰撞，因此他的所作所为必然会遭到以四朝皇帝及首相穆彰柯为代表的政敌的极力反对，这些君权所有者必欲置他于死地而后快。但是，他作为天地民心的代表，又是朝廷与天下民心实现妥协以维持统治不可缺少的中心人物，甚至是一位不可多得的人物，所以他又成为朝廷中不可或缺的一种力量。只要封建统治出现危机，朝廷就需要借助他来维持。于是，在他的人生履历中就会出现被废之后又重返官场的循环经历。屡屡将皇帝骂得体无完肤的祁寯藻，当政敌欲暗算他的时候，派人暗中保护他的居然还是皇帝本人。

祁寯藻是最早一批放眼看世界的中国人。他对徐继畬所著的中国第一部详细介绍西方和世界的图书《瀛环志略》的态度，从惊异、震怒、狐疑到接受、学习、思考，并冒着极大的风险保护徐继畬不被守旧势力谋害，极力向朝廷举荐他，想尽一切方法让皇帝读此书，以期推动中国的变革。同样，祁寯藻放眼看世界也是从其民本主义思想出发，因为他不想让中国因愚昧落后而遭外强入侵，并导致天下生灵涂炭。事实上，在鸦片战争中极力主战的祁寯藻正是从一部《瀛环志略》开始加深了对外国列强的认识，清醒地看到了后来列强的入侵和国家的悲剧命运，并试图用一己之力去改变它。

2. 徐继畬

徐继畬（1795—1873年），“字健男，五台人。父润第，有传。继畬幼岐嶷，读书颖悟，工属文。年未冠，领乡荐，道光丙戌成进士，朝考第一，选庶吉士。丁外艰。服阕，授编修，转陕西道监察御史。前后上书，皆关天下大计。常奏言：‘政体宜崇简要，祈酌删部议，裁抑吏权。’上嘉纳之，因召对，与谈时事，至为流涕。继畬受宣宗知，自此始。丙申，出为广西浔州知府，数月，擢福建延建邵道。庚子，调署汀漳龙道。时海疆多事，敌艘聚厦门，与漳州隔一水，居民日数惊。继畬相机堵御，境平获安。督抚交章论荐，壬寅五月，擢两广监运使；旬日，复迁广东按察司。癸卯，擢福建布政司。丙午，授广西巡抚，调福建，令办通商事物。继畬久驻岭表，熟悉敌情，得其要领。莅任后，端严饬重，务以恩信羁縻，体国家休息之意，于时各国悦服，咸遵约束，部内疮痍尽复。会英吉利使臣谋僦居乌石山，伸入城之约，闽人以督抚不力拒，群哗然，遂为言宫所劾。先是继畬入观，宣宗询以各国风土，形势，奏对甚悉，爰命采辑为书，书成曰《瀛环志略》，未进呈而宣宗升遐，至是，言者竟以是书为口实。文宗召见毕，语廷臣曰：'徐继畬乃老实人，并非欺诈一流。'内擢太仆寺少卿，曾诏求直言。继畬上三渐宜防疏：一曰土木，二曰宴安，三曰壅蔽。疏入，有旨褒奖。是岁，壬子科乡试，特简为四川正考官，骎复大用矣。适以闽抚任内起解犯官迟延，被吏议免归，家居十余年。同治乙丑，诏以京卿来见，派总理各国事务衙门行走，旋补太仆寺卿，加二品顶戴。居三年，以老疾致仕。癸酉乡试，重宴鹿鸣，蒙恩晋头品顶戴。是岁卒，年七十九。继畬之被议归里也，值粤匪北窜，当事奏派督办防堵。其后，回、捻猖獗，复奏督率官绅总办各府、州团防之命，驻太行年余，亲历各要隘所，措置悉合机宜。沈文定公桂芬时抚晋，甚倚重之。为人器识深沉，行政务持大体。于通商事务，尤老成远虑，洞达时势，忠爱出于天性，自受知遇，一念报国，生死以之，不解沽名。罢官，归装萧然，主讲平遥书院以自给。父润第，故好陆、王之学。幼承其教，而务为博览，记诵无遗。所著《瀛环志略》及《退密斋诗文》并行于世。初，宣宗既授继畬粤西巡抚，复命郑祖琛抚闽。粤西地褊瘠，独抚臣以食浔、梧关税，称膴仕。首相某素昵郑，乃于上前盛称继畬才，谓粤幸无事，闽方通商，宜两易。上俞之。郑故佞佛，既至粤，日持斋戒杀，专务姑且，遂酿洪逆之乱，流毒天下。论者推原祸本，恒追咎之，而实基于首相之一言。盖峒蛮初无远志，当其蠢动之始，一健吏足以制之云。”①

从上述史料记载可知，徐继畬受其父亲的影响，自幼好学，博览陆、王之学，记诵无遗，著有《瀛环志略》《退密斋诗文》，徐继畬深受儒家文化的影响，尤其是陆王心学，铸就了他为人忠厚、一念报国的性格，为官期间，以儒家的忧天下为己任，前后上书，皆关天下大计。

3. 张穆

张穆（1808—1849 年），山西平定人，近代爱国思想家、地理学家、诗人和书法家。鸦片战争中，他曾抱着爱国热情，上书言事，奔走呼号，联络在京友人，通过纪念顾炎武的活动，振奋人心。此后，他本着张扬国威，抵御沙俄侵略的目的，致力于西北边疆地理和蒙古史的研究。② 另据《山西通志》卷 107,《名宦录》中记载："张穆性刚有威望，遇事能断。抑侵渔，剔浮蠹，尤崇奖士类，贫不能存者，輙捐俸给之。后入观，卒于道。士民遥奠之，哭声震野。祀名宦。"张穆精通五经六艺，精训诂、天算、舆地之学，他喜欢诸儒学案，重辨章学术之流变。鸦片战争后，海疆多事，四方兵革水旱，张穆痛感民族危机之严重，他讲求经世致用之学，他认为"实

① 《乡贤录》,（光绪）王轩，杨笃等:《山西通志》卷一三五，中华书局，1990 年版。

② 《榆次县志・职官》,《中国地方志集成・山西府县志辑》第三册，教育出版社，2005 年版。

学即奇才”，实学应适用于民用之技术科学。他立足于儒家民本思想，认为民心可恃，一旦有事，全民皆兵。张穆因此被后人称之为中国近代史上一位重要的爱国思想家。

4. 乔松年

乔松年（1815—1875 年），“字鹤侪，郝村里人，官至河道总督，赠太子少保，谥勤恪。道光甲午，科顺天乡试中式举人，己未联捷进士，以主事用分工部；二十九年，补铅子库主事。咸丰元年，充湖南乡试副考官；十月升员外郎；二年正月，充琉璃窑监督；四月升郎中。三年以知府发往江苏；七月补松江府知府。四年，调苏州府，寻丁嗣父忧两江总督怡良奏留办理粤匪军务；五年三月官军复上海叙功以道员用赏花翎；七月以办海运加监运使衔。六年补常镇通海道。八年，丁生父忧，两江总督何桂清复奏留。九年，以筹饷出力加按察使衔，十一月补两淮监运使，办江北粮台。十年二月，奏捻匪窜至清江激动民团，同筹防守，得旨览奏，稍慰朕怀，现虽贼踪蔓延江北，军饷尤应善为筹划，不可稍缓公之受，知从此日深矣……十一年，设南北两台筹饷总局奉命管支放。同治元年，扬境肃清记名遇有按察缺，请旨简放，二年三月超授江苏布政使，兼办江南北粮台，十二月授安徽巡抚，三年三月，赴临淮防剿，时降将李世忠已保至提督而跋扈不法……”①

乔松年出生在山西徐沟一个世代为官的家庭，从小天赋很高，十九岁便中进士，曾任清朝工部主事、苏州知府、常镇通海道、两

① 《补修徐沟县志·艺文》，《中国地方志集成·山西府县志辑》第三册，教育出版社，2005 年版。

淮盐运使、江苏布政使、安徽巡抚、河东河道总督等职。

乔松年生活的时代，正值清朝内忧外患，政局跌宕。中国在鸦片战争中惨败并被迫签订《南京条约》，国内继而兴起了波澜起伏的大规模农民起义，如此种种巨大的震动，促使乔松年通过著述来表达自己的感受与对策。

乔松年是个正统儒者，他一生主要奔波于农民起义军活跃的地区，对封建统治秩序的混乱状态有深刻的体会，对社会动荡不安的局面也非常关心，他除了阅读大量的书籍外，还常常与人探讨以往政策的得失等。史载乔松年“在军治军，书一目十行，夜分始寝，暇与宾僚讨论往事，讲求利弊，孜孜不倦”[①]。同时他又著书立说，阐发他的政治思想。乔松年的主要著述有《论语浅解》《纬攟》《萝藦亭札记》《萝藦亭文钞》《萝藦亭遗诗》及后人辑成的《乔勤恪公奏议》，从这些书中我们可以看到乔松年所主张的以纲常礼教治理社会的政治思想。

乔松年亲眼见到农民战争动摇了封建统治的秩序及在社会上产生的巨大影响。在探讨农民起义的原因时，他认为一个重要原因是封建礼数还没有深入人心。因此他坚决主张进一步推行封建礼教，坚决主张以纲常礼教治理社会，以达到“不武而定”“不刑而服”的社会效果。

乔松年认为，“礼”是引导人们安分守己、循规蹈矩的根本，是治国的根本，是统治理论中最重要的策略。“治国治天下，其赖礼

① 《补修徐沟县志·艺文》,《中国地方志集成·山西府县志辑》第三册，教育出版社，2005年版。

以立者为尤重也”，“治国必以礼行”。[①] 因为，只有天下人都奉行“礼”规，归顺于“礼”的辖范，天下才能长治久安，达到爱人的境界——“仁”。否则，对于不顺从“礼”规的人是不能讲“仁”的。即乔松年的解释，“一曰复礼，天下归仁，何远之有？”[②]，教人奉行“礼”规的目的，就在于使其自觉服从统治，“好礼则民易使”。乔松年认为，有了“礼”，便使社会各阶层有了各自的行为准则和伦理规范，人们便不会产生分外的奢想与欲望，更不敢举行犯上作乱的农民起义。反之，若礼教松弛，那社会便会处于混乱状态中，“凡上虐下，下凌上，强欺弱，众暴寡，皆礼教隳毁坏之”，“强臣跋扈，莠民剽悍，皆因生不知礼”。[③] 因此，乔松年十分强调统治者应以儒者风范进行“礼”的教育。他说：“上以断击为治，则民习于争；上以聚敛为治，则民竞于利。必上以诗书为治，然后民渐摩于礼义而服于伦常。”[④] 这是他亲身经历镇压农民战争后的反省和认识。

如何能使“礼”规深植于人的思想中，乔松年认为，大河汇于滴滴水珠，高山并于方方寸土，而礼规形成于人们在家庭、家族、社交中的生活、学习、工作等具体行为。他主张，应从每件事上培养一个人应遵守的最基本的礼节，如家庭中的“孝悌”、朋友间的“信义”，都与社会上“礼”是否能建立并发挥作用有密切关系。他尤其突出恭恭敬敬服侍长辈的“孝悌”，认为是“固万世学者所宜宗也”。如果将这一行为纳入乔松年所强调的礼规政治作用的框架中，

---

① 郭春梅：《乔松年思想述论》，《传统文化》1990 年第 2 期。

② 乔松年：《论语浅解》清光绪三年（1877）刻本。

③ 同上。

④ 《徐沟县志·艺文·新建金河书院记》，《中国地方志集成·山西府县志辑》第三册，教育出版社，2005 年版。

家庭中的长辈就等于等级制度中的最高统治者，乔松年的良苦用心也就昭然若揭了。所以，他指出，不仅家长要培养子女“孝悌”，做先生的也应当对其弟子们“孝悌”“信义”等“礼”的行为“课其实际，不蹈虚空”[①]，使人人养成好“礼”的习惯，这样，整个社会就不会轻易躐等而乱了。

乔松年不仅注重礼教在社会中的渗透，还十分推崇孔子，以期在上层人物和下层百姓的精神上造成对儒家鼻祖孔子的崇拜，使其自觉地执行孔子所描述的“礼教”准则。乔松年对孔子居然发出“天不生仲尼，万古将沦为禽兽”的赞叹，因为他认为是孔子使历代的“君臣父子各安其常”，创造和安排了一个井然有序的社会。为了宣传“圣人之意”，他钩沉稽古，进行了经学的考证与集纬工作，并对记载孔子言行的《论语》作了详解与引申，以使高层次的人能更深刻地理解“真经”。对于文化层次低的百姓，他注重从其心理上造成对孔子的恭敬之情，对明代孔庙中牌位代替孔子塑像的做法大为不满，认为“寻常细民必瞻，对神像乃生肃敬之心，若只见一牌，则漠然不以关怀，是不若塑像之为得也”。他转而夸赞清朝，“今阙里孔庙塑像乃雍正间奉旨复塑，超越前明远矣。”[②]

由此可见，乔松年深深认识到了“礼教”和孔子在维持封建社会秩序中的非常功能，也反映出他对当时三纲五常松弛现象的担忧。因此，他希望能从各方面牢牢树立孔子的“威严形象”和“礼”的规范，以达到稳定封建秩序的目的。

① 乔松年：《论语浅解》，清光绪三年（1877）刻本。

② 乔松年：《萝藦亭札记》，清同治刻本。

5. 侯外庐

侯外庐（1903—1987 年），中国历史学家、思想家、教育家。原名兆麟，又名玉枢，自号外庐。山西省平遥县人。他在思想方面颇有建树，尤其是在儒家思想方面，曾与邱汉生、张岂之主编《宋明理学史》，在书中以马克思主义为指导，系统地介绍了理学这一中国儒学发展的特殊阶段的产生、发展和演变的历史。关于儒家文化，侯外庐也写过一些有关儒家文化的文章来阐述自己的儒家文化观，如在 1984 年，他写的《发扬傅山的优良学术传统——纪念傅山逝世三百周年》一文，发表于《晋阳学刊》第 5 期。1986 年他又通过发表于《孔子研究》创刊号的《孔子研究发微》一文，阐述了自己对孔子研究的建树。

长期从事教学管理工作的侯外庐，在其教育及管理实践中，形成了自己的教育思想，以至在教育界独树一帜。他在教育方面，提倡实践精神与求实作风，这与孔子在《论语·为政》中所言的“知之为知之，不知为不知”的实事求是的求学态度是一致的。除了求实作风外，侯外庐还提倡“韧的追求”并鼓励学生勇于独立思考，有所创新和前进，这一主张与《论语·为政》中孔子所言的“学而不思则罔，思而不学则殆”的学思结合、学思并重的学习方法如出一辙。此外，侯外庐还对中国思想发展历程做了系统梳理，明确从社会史入手解决思想史问题，扩大了思想史的研究范围，发掘出很多曾经不被重视的思想家和“异端”，为中国思想史的研究作出了突出贡献。

二、近代山西儒学文人之地理分布特点

从上述所介绍的几位近代山西具有代表性的著名儒学文人，可以看出，近代山西儒学文人主要分布在晋中一带，如祁寯藻系山西晋中市寿阳县平舒村人，侯外庐也是山西晋中市平遥人，徐继畬是山西忻州市五台县人，乔松年是徐沟人，张穆系平定县人，徐沟县、平定县都属于太原，综观以上几位山西近代著名儒学文人的籍贯：晋中、忻州、太原，这些地方都位于山西省中部，这或许是一种机缘巧合，但仔细考究，可以发现这种历史现象并非偶然，因为晋北受北方游牧文化的影响，其儒家文化更多的带有北方文化的特点，且以北方文化为主，在山西南部即晋南则主要受到来自河南的中原农耕文化的影响，所以只有在晋中还较为完好地保存了传统儒家文化，这在很大程度上导致近代山西的儒学文人多分布在晋中即山西的中部。

第二节　近代山西的尊儒机构

一、宗圣会

1. 山西宗圣总会

1912 年袁世凯当选为中华民国第一任大总统后，一批封建遗老遗少先后发起成立“宗圣会”。为了宣扬儒家文化，请定孔教为国

教，以开民智，山西省城太原也成立了宗圣总会。

山西宗圣总会成立后，发行《宗圣汇志》，1914年后更名为《宗圣学报》，该刊除宣传孔教外，还增加了有关时事政治的论述，及教育、文史方面的论著和考证，此外还在“艺林”栏增加了宣传忠孝节义的内容，并有报纸文章转载英、日文译作等，陈焕年、章炳麟、吴佩孚等曾为该刊撰稿。

为开山西民智，教化民众，山西宗圣会“请提倡社会教育，倡设圣庙教育馆，以沦民智，而普德育事”，以此教育之道，来作为普及民智之开端，宗圣会明确将“尊孔尚孟”作为其宗旨，并决定“设通俗教育馆于各县文庙”，供民众参观，“并限各县同时开办，以为国民教育之补助”。[①] 于是在太原宗圣总会成立后，山西各县也同时成立宗圣分会。

2. 各县宗圣社会

闻喜宗圣社会：由知事麻君组织成立，复经该县议会议决，从第二科每月拨各职员车马费数十元，俟筹有的款，以图进行一切云。杨玉宸任正讲长，续光任副讲长。讲员有：孙万选、王全秀、赵振德、张广汉、陈樟、任廷楠、张梦龙、王翰章；评议员有：任奇举、王尊五、解欣荣、李企武、杨凤翔、宁润生；温文彬任文牍员，崔邦俊任书记员，贾来聘任会计员，赵振德为招待员。

隰县宗圣社会：由知事张君邀、王君嘉会等商订筹办成立，举定职员并择讲演，长期实行推广，使平民俗子均得涵濡圣道吁，诸君子之用意深矣。由王嘉会任正讲长，史汝冲任副讲长，讲员有：

① 《宗圣学报》第十七号（第2卷第五册），1916年9月。

王重三、乔枫、秦俊、张学常、刘儒熊、郝象曾、牛文蔚、蔚如栢；评议员有：刘铭、郝元辰、许志良、王尚德、王兆麟、张天禄、冯步宵、刘炎汉。

应县宗圣社会：经知事及议会学校诸君发起，张贴广告，报名者络绎于道，二年十一月念三号，开选举会，三十号开成立会，构搭演台，高县国旗，各界齐集，乐歌三阙，来宾致祝毕，依次演说鼓掌雷动，规模雄壮极，一时之盛焉，至经费仍由议会学校支给云。由帖圣书任正讲长，郑国杰、何善长任副讲长，王相、王希天、熊钧渭、李逢春任评议员，干事员有：丰启德、李嵩秀、王相、赵传珍；讲员有：李荣、劣依仁、袁汝標、徐树棻、张士恭、刘维烈、丰启德、王尊天、王希天、李嵩秀、李文章、胡秀芳、刘述古、方大儒、张世荣、李逢春、梁栋、袁汝楷、贾开章、张靖、张清、贺心仁、帖述羲、王相。

万泉宗圣社会：由知事曹君暨诸议员发起，照章组成，其布置图书祀事宣讲稿文诸科，规模可称大备云。由田岱训任名誉正会长，冯文瑞、畅茂椿任正讲长，讲员有：解迪果、李敬伦、解纪勤等。

河津宗圣社会：据该会续报，二年九月十五日开常期会，议决事件：如祀天配孔、常年经费，均经全体认可，当即续选干事、评议员，并宣讲二十余员，分区担任，实行弘道，诸君子洵狂澜之砥柱也。该会选出的干事员有：丁和丰、畅国均、郝攀龙、李拱辰、米国骏；评议员则分区设立，中区由高捷登、赵连城、王宝贤、任继贤、任宗夏担任评议员；西区由卫时应、原培英、柴文耀、任邦彦、楼底区、陈正心、李星辰担任；黄村区由申梦鹰、侯荣耀、里望区、董志德、薛锡铭、宁震雷、许维珩；玉帝区由王康福、柴维桐、樊丕烈、王沛纶担任；通化区由苏耀忠、李逢春、小梁区、胡丹桂、卫耀奎、张友曾担任。

文县宗圣社会：由王君秉钧、何君瓒先等组成，圣诞纪念，尤极辉煌，倾又函致本会，殷殷以读经为前提，可谓从根本着想者。

解县宗圣社会：由庞君全震等首发公启，征集同志，推举职员，共底于成，披览原启，洋洋伟纶，振聋发聩，立懦廉顽，得此宿儒耆德，主持风化。该会由孔繁功任名誉正会长，薛笃乐担任名誉副会长，庞全震担任正主任，袁履泰为副主任，担任宣讲员的有李芳珍、曲笃训、薛笃裴、赵琦、孙晋陞，评议员有王发、刘传经、孙静澜、刘晋壁，起草员由侯文治、赵琦担任，交际员由王临澧，刘济昌担任，干事员由李文郁、李甲鼎担任，孙晋荣为书记员。

静乐宗圣社会：该县于二年九月念七日成立分会，由李光裕担任正讲长，武凤仪担任副讲长，讲员有武泽霖、张士林、武有功、王德明、蒋承钧、武政举、赵藩晋；评议员有王敬业、王芝翰、李润滋、吕骏章、王式度、秦肇周、尹邦庆、冯毓蘭，武凤阁、武澍霖，由王谢堂、秦立周担任干事员，赞成员有孙丕基、窦噌、傅敬书、翟席珍。

颍上宗圣社会：由知事李君树梓集合同志于二年冬间开成立大会，形式精神备极完美，李君寻复调知霍邱，又将有孔教会之组织，人能弘道，洵不诬矣。由李树梓担任该会正讲长，副讲长由李玉光、李俊卿担任，王敬修担任名誉长，干事员由姜继昌担任，刘树丹担任文牍员，担任评议员的有王道隆、陈章渠、王迂生、李善昌，干事员有王荣缙、冯时敏、蔚如栢、刘俊秀。

安邑宗圣社会：由知事姚君瀛发起，鉴于“人心不古，世道日漓”，姚君瀛邀请各界组织成立，姚君瀛“对宗圣尤形踊跃”，该处人士“亦莫不极端提倡一致进行”。王克宽担任该会的正讲长，副讲长由刘子阴担任，讲员有薛敬修、吕自修、刘怀珠、贾士杰、岳锡鄂，评议员有李湛霖、任鸿钧、吕春生，招待员有吴绍祖、张自修，干事员有李兴科、南檀龄，赞成人有郭晋升、景元骥、杨国樑、孙士秀、王宇清、王儘臣、景文星、贾对萱、李文华、荆玉璽、仝传章、文瓛。

沁水宗圣社会：该会于二年九月二十七日（即圣诞）成立，并设藏书楼、阅报所于会内，以实行普及社会教育为昌明圣道之先声。张文焕任正会长，宣讲员有张书云、柴升秀、宁奎、陈学昂，评议员有张凤罔、赵锡麒、田友仁、阎树芳、崔效濂、郑鼎铭，干事员有李登瀛、王柱石、商显忠、任宗光。

沁县宗圣社会：由议会暨行政公所各学校共同组织，会内职员皆一时耆彦，一切事宜亦无不稳固进行也。由吴钤担任该会正讲长，王克仁、李树花担任副讲长，评议员有邱富崇、刘上达、郑清、温清、宋四真、杨汝舟、张廷一、李联枝，共有陈善谟、刘志学、张逢津、任天寿、吴一峰、王斐、牛晖汉等56余名。

壶关宗圣社会：该会于二年九月三日成立，由李知事招集同人，在文庙开会，讲长议员挨次演说，谓彰明圣道即所以促进文化、巩固共和。正讲长由王凤罔担任，吴绍唐担任副讲长，担任宣讲员的有吴巽方、马成章、张耀宗、阎奎洲、马锡藩、阎钟瑞、王涌泉、李继贞、冯大庭，主任干事有秦辅虞、万民安、王凤枝、杨毓琴。

文水宗圣社会：文水县地近西河，先泽未泯，提倡宗圣，众口一谈，成立时，讲长韩君业芳、员孙君秉钧相继演说，环听者，莫不以晚成为憾。李春和任名誉宗圣长，韩业芳任正讲长，副讲长由张亦进、成桂森担任，担任评议员的有蔡启源、杜天宝、赵英、孟瑾等20人；宣讲员有乔汝衡、成连柱、孙秉钧、侯干城、王伦选、张全孝等。[①]

除以上分会外，山西各县设立的宗圣分会还有泸溪分会、蒙化分会、祁县分会、马邑分会、长子分会、石楼分会、翼城分会、岚县分会、洪洞分会、和顺分会、临县分会、朔县分会、大同分会、宁乡分会、绛县分会、平陆分会、偏关分会、芮城分会、乡宁分会、太原分会、忻县分会、代县分会、黎城分会、汾西分会、天镇分会、介休分会、赵城分会、浑源分会、灵石分会、灵丘分会、榆社分会、徐沟分会、[②]永济县宗圣社会、夏县宗圣社会、武乡宗圣社会、五台宗圣社会、襄陵宗圣分社会、孟县宗圣分社会、太谷县宗圣社会。[③]

二、讲经公会

1. 讲经公会简介

“山西省有各教好学之士，相与谋成一讲经公会，萃群圣于一堂，列诸经于一室，致中和，极静虚，归真返樸，互为博爱慈悲，欲阐宇宙之真理，扬诸圣之精光，成地上之天国，造东方之净土，合万国为乐园，启大同之文运。”[④]山西宗教界为宣传其教义，实现

① 《宗圣汇志》1913年第1卷第五号。

② 《宗圣汇志》1913年第1卷第四号。

③ 《宗圣汇志》1913年第1卷第三号。

④ 《讲经公报》第一期。

传播愿望，教化民众，共同组织成立讲经公会，会址设在山西洗心总社，其宗旨为“求得各宗教之精髓，以化为公教者”①，并发行《讲经公报》进行宣传教化。讲经公会是宗教研究会的性质，要求听讲者必须有“求宗教精髓”之目的，每日来听，风雨无阻，而讲者亦必须风雨无阻，以“施己教之精髓于听者”为目的，以使公会持久存在，并得完美之效果。

讲经公会明确规定“无宗教不能上台讲智识，必须郑重从事倍加精神以行之”，并在讲演中须忌虚假（不切实发挥致使真理不现）、空泛（因原始资料上缺少，故而不详知）、批评（不可固执己之主张批评各教至起感情上之冲突）、调和（不可强为调和各教讲之至，使听者不得头绪似是而非反紊乱而讨厌也）、傲慢（现在各宗教每多尊自己信仰之教，常由傲慢之言以排斥各教至起感情冲突不得完美精神上之接洽）。②

除了对讲者与听者有相关要求外，讲经公会章程中明定：

（一）于世界列圣经典比较汇通，定期恭请各专家莅讲旁及哲学以至世界思潮均可研究；

（二）任讲某家经说演坛上，皆属自由，惟不得发出有伤他家感情的激论；

（三）讲长由各教轮流推举，除每一星期前按日约定通知外，有愿临时莅讲者，须由本会干事为之介绍；

（四）讲员中外名人士女均极欢迎听讲，男女分座，讲期既定，风雨无阻；

---

① 《讲经公报》第一期。

② 同上。

（五）讲演地点：山西洗心社大自省堂，时间：每星期六下午七时至九时。

由讲经公会简章不难看出，讲经公会之运行程序及其宗旨“非为比较的，乃为互助的，非偶然而成，乃一种适时的集合”。①因此，作为各宗教的互助集合学会，讲经公会的设立与运作在当时得到了山西宗教文化界的拥护和支持。

2. 讲经公会与儒学文人

民国元年（1912 年），国务院反对孔教，教育部规定中小学校废止读经。在山西为了弘扬儒家文化，儒学文人们纷纷来到讲经公社，以孔教信徒的身份把自己儒家文化观阐述出来，以此途径来弘扬。据 1920 年 9 月 25 日《讲经公报》中所记载的曾到讲经公会讲演孔教的山西儒家学者有：杨阶三、石玉如、张肖堂、张俨、常子襄、董休五、崔文征、帅佑唐、刘灵华、董休五、冯振邦等等。下试择要者分述之。

洗心社副社长杨阶三在洗心社作了题为“能以礼让为国乎，何有？不能以礼让为国，如礼何？”的演讲，他说：“在中国古代，统为以礼治国，礼之前提为道德之德，道之以德，齐之以礼，是也，礼之精华，在一让字。让字之正当界说，即‘不争’二字是也，勿认为退让忍让仅仅有消极性质也，语云，先礼而后兵，即含有不争之义，绝非萎靡不振巽儒无为之谓，此最须认清者，当春秋时，礼之大体作用已失，仅存具文，所谓如礼何？竟成无可奈何之局，礼既不足以范围人心，于是任法之说，起而继之，申韩诸子余緒，所

① 《讲经公会简章》，《讲经公报》第一期。

谓法治国家是也，民国开始建立，一十二年于兹矣，法字究未站住，国内之争以兵，而所以假借名义者仍以法，”“以法治国论，更须具有法治之真精神，如其否也，昔之所谓如礼何者。今且更滋加法何之叹矣，中国外患日亟，而内地之兵争政争，以权利地盘，而轻于作孤注一掷者，无日无之，所恃以已争之具，惟法是赖，而法之本身内部，且发生无穷之争端，又奚能平一切之不平，徒法不足以自行，又何贵有此具文也哉，孔子之为斯言，其时礼已不足以为治，今法以披畲破坏，不足以为人心世道之大防，更将以何种手段继其穷耶，鄙人以为继法以穷，仍大有待于礼，礼也者，道德礼乐仁义，靡不统于其内，以礼为治，正今日对症之良药，循环无端，交相为用，不过此之所谓礼者，切勿以繁文缛节之礼目之斯可矣。”①

杨阶三以上关于“礼让”的讲演，不仅道出了“礼让”的重要性，而且将礼让与儒家的德治思想联系起来，做了深层次的论述，揭示出礼让与道德对治国起到的至关重要的作用。在儒家文化中，最核心和最精髓的是它的德治思想。子曰：“道之以政，齐之以刑，民免而无耻；道之以德，齐之以礼，有耻且格。”（《论语 · 为政》）可见，用政令来治理百姓，用刑法来整顿他们，老百姓只求能免于犯罪受惩罚，却没有廉耻之心；只有用道德引导百姓，用礼制去同化他们，百姓不仅会有羞耻之心，而且有归服之心。足以可见德治之重要。

儒家思想强调德治，其根本出发点是对人的尊重，是对人性的信赖。其初衷，就是力图用每个人的内在道德融合彼此间的关系，

① 《孔教之演讲》,《讲经公报》第二期。

最终实现社会的和谐，而不是用权力，用人为的法则把人压缚在一起或者是维系在一起。这一点在杨阶三的讲说中也是这样认为的。他认为治者与被治者之间，是以德相依的关系，而不是以权力相加或相迫的关系。作为统治者不是站在权力上，运用权力去限制人民，而是要靠统治者自己尽性尽德，从培养自己的德性上作内圣的修炼、熏陶，即内圣外王，进而推己及人，让天下百姓也一起来培养德性。与道德相比，法律的维系，毕竟是一种外在的维系。外因通过内因起作用，所以外在的关系，终究要以内在的关系为根据，否则光靠外力终究是维系不牢的。可见德治就是通过培养各人内在的德性，来建立人与人之间内在的关系，从而达到“去法”“废法”的最高境界。因为，在儒家看来，内在的关系，才是必然、合理、持久的关系。《论语·颜渊》：“政者正也，子率以正，孰敢不正？”，《论语·为政》：“为政以德，譬如北辰，居其所，而众星拱之”以及《论语·子路》：“其身正，不令而行；其身不正，虽令不从。”这些儒家经典说明一个道理：德治的关键在于统治者先有其德，作为统治者必先修炼自己的德性，作出表率，才有可能使人人各尽其德。

儒家之所以如此重视道德，其原因在于儒家“人之初，性本善”的人性论，人既然性善，当然就用不着外在的法律去约束他行善，而凭教育、感化就能实现社会的和谐。人心之所以不正，在于有权有势的人玩弄权势，丧心丧德。如果统治者口头上仁义道德，结果却男盗女娼，言行不一，伤天害理，以道德玩弄权术，这是世间最大的不德。但若因此我们就不主张德，不主张德去烛照一切，则更会增加社会的混乱，破坏人与人之间正常的关系，失去拨乱反正的凭借，所以德是万万不能丢失的，德治为治国之本。

儒家的德治思想的核心其实是一个“礼”字。既然人本性都是善的，执政者就应该让民众知道自制，“克己复礼”回到那种彬彬有礼的社会状态中去。“礼”在此包括了礼节、礼数、礼貌和规章制度。儒家思想因此为社会制定了许多具体的礼节，具体表现为“三纲五常”。所以，儒家的德治思想其实就是要人懂得自制，克制欲望，遵守礼节，消除暴力，以营造一种和谐的社会环境。也正是由于儒家“礼教”思想，使得中国成为举世公认的礼仪之邦。

石玉如认为“仁”即天地万物无所不包，因为天地一体，所以“仁”就是要对天地万物都有恻隐之心。“大学之道在明明德章，何谓大学？大人之学也，大人小人者？即经书所谓大体小体是也，合天地万物为一体，是为大体，小于大体者，谓之小体，大人之道以仁字可以代表之，仁之一字，天地万物无所不包，仁之绪恻隐之心是也，何以而有恻隐之心，人皆一体故也，视千万之身犹一身，故生恻隐也，今欲系一鸟，忽觉鸟亦知苦痛而不忍，有与动物一体之原理在其中也，人在小孩时代好折花草，忽而悯之曰彼亦生物也，即大人亦有之，有与植物一体之原理在其中也，特此而观，可知天地万物一体也。”①

负责在晋城洗心社维持孔教的张肖堂，民国元年（1912 年）曾任晋城县教育会会长，当时国务院反对孔教，而张肖堂却认为中国非孔教不足立国以振起国民之精神，于是他前往“上海、浙江、江苏等处联络各同志维持孔教，欲使中国之精神赖孔教以保存”，由于当时新派之说平权者日多，以为孔教是有阶级之教，所以对孔教极力排斥，致使张肖堂此次南下争取同志徒劳无获，但张肖堂借此机

① 《孔教之演讲》,《讲经公报》第二期。

会阐明了自己对孔教之为阶级之教这一观点的看法，他说："孔教言必称君君臣臣父父子子兄兄弟弟，非平等而何，且各国宗教教与政分，我孔教教与政合，真世界大乘之教也，然孔教亦非孔子之教，乃孔子述天之道，以为教育也，非特中国人当尊之，普天下之人均当尊之，孔教之精神多在恕字，无论士农工商，九流三教之人，均不能外恕字而为人，盖能恕己而行，则不偏不私，一切能合公理，自无所争矣。"所以，在张肖堂看来，孔教之恕道是每一个人都必须遵行的，所以孔教更多的是教人怎样去为人处世，而与政治是分离的，所以其阶级性也对政治无所影响，故而中国政治不应该抛弃孔教重要的处世之道，他寄希望于仁人志士们，希望他们"更加精神提倡之孔教，庶可速放光明也"。[①]

张俨则长期致力于探讨孔教，他认为："孔教之发源即率性"，"率性"是他经过研究而提出来的新名词，即自动之意。他说："不强人所难是了自然的，这个性是天与的，是人人所皆有的性，与天通，故孔子信天性，有五，曰仁义礼智信，括言之则仁一而已，故孔子教人求仁，孔子之教对于己则信天，对于人则教人求仁，惟斯二者而已。"[②]

常子襄则专门对孔教之"经"做了论述。"经之定义，经常也，常是平平常常，可以日用常行的道理，用起来治国平天下……在家庭在社交全有个标准，我们中国所以维持秩序人格，原有礼就是这些个，再看书线横的叫纬，直的叫经，直是由上而下也，可以由下而上也，可以由上而下就是书经所说作之君，由下而上就是书经所

① 《孔教之演讲》,《讲经公报》第二期。

② 《洗心社自省堂讲学纪》,《来复》第274号。

说作之师，君教民是间接，师教民是直接，这全是天佑下民，民里头优秀分子应当成就天佑的大责任，后来他这个道理可以守，又各样的全有了书，这才把他加了个经字。”①

董休五，在讲经公会着重讲了“寡、贫”二字，这两个字根源于“不患寡而患不均，不患贫而患不安”②，正如这两句话所言，不得均与安，均从爱，富之故，若能牺牲爱字，即能得到均与安之道，寡而贫自无庸患矣。

崔文征主要讲了“性相近习相远”之大意。站在儒家文化的角度，分别对“性”与“习”做了解释。帅佑唐则专门针对孔教本身做了阐述，他说：“孔教古称儒教，儒教宗孔子，故曰孔教，孔教之根本思想在大同小康，孔教人道之终点曰尊祖，天道之终点曰尊天，天地万物无不根于天，天者广大无边，无所不包者也，尊天先从尊祖，因尊祖而生出孝字，能孝者必能敬能爱能信，故此中又生出敬兄爱弟信友之道，将此诸道一以贯之，孔子一以贯之道也，约而言之，实只一仁字也，仁之事在孝悌，由孝可上溯父祖而极于天地，此敬之极，由弟而远推兄弟四海民胞，物与极于宇宙万物，此爱之极，二者一纵一横，均从孝悌做起，故孟子谓人人亲其亲，长其长而天下平也。”③

刘灵华以科学证明“士志于道而耻恶衣恶食者”，他说：“根据动物生理学必恶衣恶食，然后能猛健，试观平常恶衣恶食之人与美衣肉食之人比较，则恶衣恶食之人精神必数倍于美衣肉食之人，可

① 《洗心社自省堂讲学纪》，《来复》第274号。

② 《孔教之演讲》，《讲经公报》第二期。

③ 同上。

知也，肉食之人只能受指挥于口，不能受指挥于肚，肚虽已不能容受，口尚欲食之，病由此而起矣，老子云：圣人为腹不为目，可相证也，盖惟恶衣恶食者能之，故其精神能强健也，原人之生活已由恶衣恶食而至于美衣肉食时代，然实不如无火食时代之猛健，以此证之可知现则处退化时代，人皆苦于不自知也。”①

刘灵华也曾就“正人心厚风俗两义”在洗心社作过演讲，“从来世运之升降，视风俗之厚薄，而风俗之厚薄，实以人心为转移，三代盛时，出入相友，守望相助，疾病相扶持，比户可封，人人有士君子之行，孝友睦姻任邮为一书，康乐和亲为一书，所由胜残去杀，而臻太平之治也，降至春秋，王迹既熄，古意浸微，而晋文图霸，必先以伐原示信，大蒐示礼，求人之所由固，仲孙省难，终以鲁秉周礼，未可动也，见风俗之所由成，战国继起，争城以战，杀人盈城，争地以战，杀人盈野，上以雕龙炙杀为能，下以鸡鸣狗盗相竞，当时人心风俗，已变本加厉矣，然筑台者犹得请自隗始，处囊者尚能愿与遂俱，下至门监馆客，卖浆击筑者流，亦时争自振励，一写其慷慨悲歌之气，相维击者百余年，秦俗以战斗为能，所谓弃礼义而尚功首虏之国也，一夫作难而七庙堕，土崩之势，甚于瓦解，由于人心无团结力，而风俗亦泯禁胥澌也，汉兴承秦之敝，借父耕锄，即有德色……”② 在这次讲演中，刘灵华主要以中国古代历史的更替发展来说明人心的重要性，实可谓“得人心者得天下”。

董休五对“允执其中”的儒家中庸之道颇有感触，他说：“自古圣贤所传之道多在一个中字，先儒说中无定体而以物理学证之，中

① 《洗心社自省堂讲学纪》，《来复》第274号。

② 同上。

确有定点不能少有移动，如重学之重心，然各物各有一重心，共同心行动之物，共绕一重心，如太阳系内诸行星行动及各行星所附属之星行动，皆本此理，即以地球绕日论，非绕日也，乃日与地球共绕以重心也，惟日之体积较地球甚大，故曰地之重心距日心甚近，人目视之，无异于球绕日也，果为地球绕日，其轨道当为正圆，何以地球绕日之轨道为椭圆乎，八大行星绕日与月绕地球皆共绕重心，即凡太虚中所行动之物必共绕一重心，断无单独行动之理……”[①] 董休五通过列举一系列物理学方面关于重心的例子，试图说明物理学之重心点与孔子的执中道理切近。

冯振邦主要是阐述了自己对孔教的认识，着重强调了儒家修身之重要。他说：“孔教是人道的教，与各宗教言神道者不同，人道者，做完全之人而已，起始点即修身是也，不先修其身不能有完全之人格”，故孔子曰：“自天子以至于庶人，皆以修身为本”，孔子之教限于“人道范围”，而不言“神道”，去年全国教育联合会研究全国教育得出“养成健全人格，发展共和精神”之宗旨，此实为孔教唯一之精神，即“不离人之肉体精神而全完人道范围”。[②]

三、洗心社

为“昌明孔道，正人心而维教化”，“民国七八年之交（1918、

① 《洗心社自省堂讲学纪》，《来复》第 274 号。
② 同上。

1919），阎氏有洗心社之组织”，[①] 内设自省堂，徐子澄、冯振邦、冀育堂曾任洗心社董事，严敬齐、柯定础任干事。

洗心社成立之后，山西各县市普设洗心分社，因为“人性本善，各有天良，但是现在社会与家庭，已经被那一般恶习糟蹋的污秽不堪，要不赶快打扫，更是日见败坏，要想打扫的方法，就是星期自省与人命切实讲演，才能教人群渐趋于好，你们应在本区内，各设洗心分设一处，每逢星期集众讲演，实行自省的礼节，无论士绅农工商各界，都可以约集聚会，果能认真办去，就是人民自求多福之道，至于区长，尤须自身实能洗心自省，以为人民的表率。”[②] 所以，在其倡导努力之下，山西各县市广设洗心社。

洗心社为倡导“洗心”，弘扬儒家文化，刊印出版《来复报》作为其宣传刊物。《来复报》内容分为政教述闻、时事采集、论坛三大版面，其中政教述闻又分中央法令与本省政教两个版块，主要介绍中央及本省发布的一些法令。时事采集也是分国内与国外两类介绍国内外的一些重大时事。论坛则主要刊登一些学者所作的关于洗心、弘扬孔教的讲演内容及相关论著。在每一期的《来复报》中都附有民德四要与孔教会教规，其目的也是为了弘扬儒家伦理道德，规范人们的行为。

1919 年来晋考察的山东省公署顾问孙小平在洗心社讲演中讲道：“略谓中国现状贫弱，由于政治之不良，而政府官吏实为人民之结晶体，欲求良好之政治，必先有良好之社会。社会既改良，则人才辈出，国以之治；若社会先不能根本改良，凡百事业无一希望

① 《模范省自省现状》，《申报》1922 年 2 月 16 日。

② 同上。

国安得不贫且弱。然改良社会，必先增进人民道德，此则人人知之，而实行之者鲜。山西政治甚好，一入其境自觉气象不同，令人生一种感想，迨与各界接洽，以后益信社会秩序、人民道德之特点，因知政治效果自有真也，由斯进行，非仅山西有良好之希望，将来各省亦必有所取法，其为中国造成之幸福，庸有涯涘。嗣由梁振符君讲演，引证春秋孝经以阐发孔子之共和精义，更以佛教大乘小乘法为譬，以明之末，复谓洗心社昌明孔道，正人心而维教化，推之各省足以救中国之危亡。”① 由此可见，洗心社的设立在正人心与维教化方面确实起到了重要作用。

四、自省堂

洗心社开设之后，“旋即有自省之办法，建筑巨自省堂二，一在军署，军官佐士兵自省”，由省长“亲自出马领省，一在文瀛湖边，政学绅商自省，由旅长赵次陇领省”。“自省”，即“自己省察，自己觉悟，纯由自动，毫不假借外力”。另外，关于自省仪式及规范也有明确的规定：“（甲）凡自省者到堂时，均须脱帽静坐，（乙）领省者到堂时，均须起立致敬，（丙）领省者与自省者坐定后，首奏乐，次由领省者讲经，次奏古琴，再次则端坐闭目自省，次复奏乐，唱歌毕而散。自省规范，则（甲）先省已过之行为，有无不合法律者（乙）次省已过之行为，有无不合人情者（丙）再省打算做的事，有

① 《山西最近之政闻》，《申报》1919 年 11 月 8 日。

无不合天理者。自省时间，为星期日晨早，取七日来复之义。”①

孔祥熙曾在题为《山西阎督军与山西之政治》的演说中称赞道：“阎督对于道德更为紧要，署内设有自省堂，每逢自省日必集会其间，俾各人自当其作为有无不合天理人情之处，盖礼义廉耻国之四维，四维不张国乃灭亡，故凡公德私德阎督均极提倡”。②为了提倡儒家伦理道德，规范人们的行为，山西社会治理者们先从洗心社着手，希冀“稍敛人欲”，然“其效甚微”，后“从自省入手”，“自军界起先行自省”，以求“放心的法军界”先行做到，而后“推行于学政各界”。③

自 1921 年在洗心社内设立自省堂后，全省各界广为提倡自省，首先在军界试推行，“阎氏自提倡自省以来，即通令太原大小普通专门各学校，一律自省，复严谕全省团营，均须建筑自省堂一所，而陆军第十团团长蔡荣寿，即遵令首倡洗心自省，”④军界自实行自省以来，“甚有效验，据陆军病院报告，从前花柳症约居十之七八，自举行自省后半年，即已减为十之二，今年则已无一害此病者，所有染病住入院内者，稍见痊愈，即使持书诵读，其效验从可概见。”自省在军界成功推广后，继而推行于社会各界，以期取得更大的成效。“民国元二年间，甫经改革军界方面的人，流连沉溺于妓馆戏园饭馆者，不可胜计，督军深用忧虑，当说外人的星期日可借以收放心，反观中国则何如每遇星期日所做的事情第一是耗费精神，第二是损

① 《模范省自省现状》，《申报》1922 年 2 月 6 日。

② 《演说山西之政治》，《申报》1919 年 12 月 5 日。

③ 《山西推广自省之大会》，《申报》1922 年 10 月 4 日。

④ 同①。

失财产，第三是败坏道德，第四是毁伤名誉，统计起来所受的损失真不堪以数计。”因此，欲通过自省来制止这些不良的行为，并制定详细的自省规范，教人们自省修己，经过征求各界的意见，参考军界自省条目，山西省复制定了新的普遍适用的自省规范，“(一)宗旨：取悔过自新之意以做成己成物工夫。(二)组织：本孔子大同之义不分界限。(三)仪式：取自然起敬之义，不尚繁文；凡自省者到堂均须脱帽静坐；领者到堂时，均起立致敬；领省者与自省者坐定后首奏乐，次由领省者讲经，再次则端坐闭目自省，次复奏乐，又次唱歌毕而散。(四)条目：本君子三畏之意各就日用伦常上自省，先省已过之行为有无不合法律者，次省已过之行为有无不合人情者，再省打算做的事有无不合天理者。(五)每星期日行之。”[①] 自山西在全省各界推行自省以来，反响甚大，尤其是在学界，“太原每次自省，少或千人，多则数千，开幕时且逾万，其中学生居十之九。”[②]

五、同志会

同志会即民族革命同志会的简称，其前身为1936年春成立的身强救国同志会。1938年2月改组为同志会临时执行部。1944年3月改组为同志会工作委员会。1948年9月改组为同志会第二次临时执行部。设会长一人，成员分为高干、干委、基干、同先队员、会员五类。会长之下设高干13人及干部委员会、纪律委员会；在临时执

① 《山西推广自省之大会》,《申报》1922年10月4日。
② 《模范省自省现状》,《申报》1922年2月6日。

行部下设组织委员会、敌干委员会、干部管理委员会、行政委员会、军政委员会、计划委员会、理论委员会，并在专区设区分会，在县设县分会，会员编有小组。直属单位有：同志会青年干部预备学校（简称青干校）、洪炉训练委员会（简称洪训会）、民族革命大学、南区真理辨证处、北区真理辨证处、总体战行动委员会、青干服务队、理论研究院、物产证券按劳分配学会、平民日报、民众日报、战斗通讯社、儿童教养所、儿童教养院、民族革命少年团、民族革命青年团。控制单位有：铁军组织（亦称三三铁血团）、文人组织（即忠贞保证、进步保证）、政卫组织、民众进步总社（即洪帮）、进步委员总会（即青帮）等组织。在同志会存在期间，曾根据儒家道德修养为其会员制定了严格的思想道德与行为规范。

首先，同志会会员要建立不平凡的革命思想。鉴于民族革命同志会的会员如果要当了干部，就必须担负起组织交付的任务，所以“在思想意识上应建立不平凡的革命思想”[①]，亦即要遵守以儒家文化为主的道德修养。

建立不平凡的革命思想的前提是应该有一个革命的人生观。“所谓人生观就是一个人对人生意义的认识，他懂的人生应该表现人生的效用，在他决定人生观的时候，他只讲该不该，如果应该的，他就会毫不考虑、毫不犹豫地去做，他决不在利不利上去打算，因为打算利不利的人，一定是投机分子。比如齐国的田横五百人，太平天国时代的乡勇，及二十六年以后的参加抗日战争，在参加抗战的时候只讲该不该的人，他们从未考虑到抗战能否胜利，他们只知道

① 民族革命同志会临时执行部印：《同志会会员的修养问题》，1947 年。山西省档案馆藏。

中国人应该爱中国，日本人不应该侵略中国，所以在万分困难的生活中他们艰苦斗争直至抗战胜利，假如抗战不能胜利，中国为日本所亡，我们抗日的革命也是完全对的。反过来说，不革命的人，不讲该只讲利的人，他们就会放下抗日，甚至于去当汉奸。这就是‘知其不可为而为之’的圣人精神，所以革命干部的思想，应该是：‘谋其事之所当为，尽其力所能为’根据这种思想，确定下自己的人生观。”[①] 上述同志会会员所应确定的人生观，其实就是要奉行儒家的义利观，子曰：“君子喻于义，小人喻于利。”“不义而富且贵，与我如浮云”（《论语·述而》），在义利两者之间，儒家把“仁义”看得更为重要，主张重义轻利，先义后利，强调利益的获取应以“义”为前提，而不是为了追求个人利益不择手段，见利忘义。革命的人生观所强调的“该”即儒家的义，是义理的结合，亦即做事要从道义和天理出发，决定是否该做，而不是只贪图私利，唯利是图。凡是符合义理的事情都要尽力去做，去参加义战，去革命。

有了革命的人生观还不够，革命干部还应该在思想上确立自己坚决不移的立场，坚守正义，要有坚贞的气节。子曰：“三军可夺帅也，匹夫不可夺志也。”（《论语·子罕》）一个人应该坚定信念，矢志不渝。“革命的干部有了革命的人生观以后，他就应该马上走上他的立场，在这个立场上坚定不移坚持到底，他决不会因为外界的压力而表示动摇，为了坚持自己的立场，牺牲性命在所不惜，至于一时的怀柔小恩小惠他们更视若侮辱。在历史上许多英雄，例如关公挂印对金，苏武牧羊等，他们都是在敌人的刀锯之下都没有

① 民族革命同志会临时执行部印：《同志会会员的修养问题》，1947 年。山西省档案馆藏。

改变了意志或能从容就义而不改色，这就是坚定立场最崇高人格的表现。”[①] 在对仁义的追求与维护上，儒家极具原则性和革命性，高举仁义大旗，对于不义行为，孔子认为“是可忍也，孰不可忍也”(《论语·八佾》)。儒家这种坚守正义、杀身成仁、舍生取义的精神，正是革命干部所要确立对革命的人生观的坚决不移的立场。

此外，革命战士还必须爱憎分明，以仁义来对待有仁德的“同志”，并及时纠正“同志”及自己所犯的错误。“革命干部在自己的立场上，能够很清楚地划分开国家与国家的敌人，他们对自己人能表现伟大的同志之爱，对敌人能表示最大的仇恨心，所以，他和自己的同志能够吃苦在前，享受在后，决不计较享受上的优劣，而只计较工作的多寡，他能在患难时挺身而出，把苟重的责任放到自己身上，为了援救自己的同志，比解救自己还更加重视。这种伟大的爱，特别能在纠正同志的错误上表现出来，他为了爱同志，所以他能纠正同志，他应该懂得，对别人的错误漠不关心任其发展的自由态度，是和‘看着一个人跳井而不拉一把’是一样样的危险和要不得。”[②] 窥其大意，即革命干部要在是非面前分清自己的立场，要爱憎分明，而爱憎分明则是儒家“仁爱”的前提，对待敌人要嫉恶如仇，亦即“表示最大的仇恨心”，对待“同志”要给予“伟大的爱”，“同志”即儒家所谓的志同道合的君子，“伟大的爱”亦即儒家的“仁爱”，子曰：“弟子入则孝，出则弟，谨而信，泛爱众而亲仁。行有余力，则以学文。”(《论语·学而》)“仁”者不仅要做到在家孝顺

---

① 民族革命同志会临时执行部印：《同志会会员的修养问题》，1947 年。山西省档案馆藏。

② 同上。

父母，亲爱兄弟，而且出门在外，还要能尊敬长辈，说话做事谨慎，对朋友讲信用；并要亲近有仁德的人。所以，革命干部要用仁慈之心去对待那些有仁德的同志，真诚地去关心帮助他们，还要讲信用讲义气，要患难与共，和衷共济，当同志犯错误时，要帮助他改正，这才是儒家主张的仁义之道。

“人谁无过？过而能改，善莫大焉”（《左传·宣公二年》），人都有犯错误的时候，革命干部也不例外，犯了错误只要能够认识并改正错误，就可以从中获得利益，只有这样才是最好的人。因此，“革命干部应该是最勇敢的人。”“勇敢”一方面指“对敌人作斗争时能表现最大的勇敢”，但更多情况是指在自己或是别人犯了错误时要敢于面对或指出并及时纠正。革命干部能勇于改过，“懂得在革命工作中，犯错误是在所难免的”，知道“不怕犯错只怕不改”的道理，在改正错误中求自己的进步，并且能以“不容人不”的精神去帮助同志进步。[①]

其次，革命干部要泛爱众，做人民的公仆。古往今来，“爱民如子”的官吏都会受到人们的称赞，“尧，立孝慈仁爱，使民如子弟。”（《淮南子·修务训》）尧把“子”与“民”合而为一，这是儒家“仁”的最早实践，儒家的“仁爱”主张不仅要爱自己家里的亲人，还要“泛爱众”，即博爱大众热爱全社会（乃至普天下）的人民大众，要把对家庭的亲情、血缘之爱扩展为对朋友的友爱，对全社会的博爱。“仁者爱人”对于官吏来说，就是要有爱民之心，为人们谋利益，使他们能够安居乐业，与民同忧，与民同乐，即为人民服

① 民族革命同志会临时执行部印：《同志会会员的修养问题》，1947 年。山西省档案馆藏。

务，因而革命干部应该是人民最忠实的服务者，要树立解救人民的人生观。

在个人与组织的关系方面，从儒家重视群体利益的群己合一的群己观出发，同志会要求“革命干部应该把个人看作是整个革命事业的一部分，只有革命事业的成功才是个人的成功。在事业的目的后面不应该有任何个人目的的存在，这是革命干部个人与组织的正确关系”。①“古之学者为己，今之学者为人。”（《论语·宪问》）儒家在强调群体至上的同时也重视人的自我价值的实现，个体“为己”即自我完善。“为己”主要从道德涵养的目标上肯定了自我的价值，在实现此目标的方式上，孔子强调“君子求诸己，小人求诸人”（《论语·卫灵公》），确认了自我的能力及价值，二者从不同的方面表现了对个体自我的注重。同志会在强调革命干部以大局为重，把个人的利益归于组织利益的同时也给予革命干部一些有利于个人发展的自由和方便，最终将有利于其个人价值的实现，但是在某种情况下也不能“完全抹杀了个人的自由”，“我们的组织是在整体环境内，有革命干部个人的自由，比如：某干部对行政工作最有办法最有兴趣，那么组织就给予他这种可能的方便，因为这是对个人发展上有帮助的。”②

革命干部还应该是一个最诚恳最坦白最愉快的人，“诚者物之终始，不诚无物。是故君子诚之为贵”（《礼记·中庸》）。“诚”是儒家的重要范畴，儒家主张“内求诸己”，就是要真实无欺，不自欺

① 民族革命同志会临时执行部印：《同志会会员的修养问题》，1947年。山西省档案馆藏。

② 同上。

亦不欺人，对自己要真心诚意地为善去恶，光明磊落；对他人要开诚布公，不隐瞒，不欺骗。革命干部“一切都可以向自己的组织公开”，是“事无不可对人言”的“大丈夫”，他对自己的事业“非常忠贞”。同志会要求革命干部不仅要对人坦诚，而且要对自己的事业忠贞，其重点在于后者，同志会的会员要忠于事业，努力干事业，因为“努力就是忠贞，不努力就是不忠贞，假努力就是假忠贞”。[①]《民族革命同志会忠贞保证》的发行，意在使同志会的会员保证忠贞于组织及其事业，并监督其身边的同志一起做到忠贞于事业，维护整体，努力工作。具体而言，“忠是忠实，贞是坚贞，忠实要事事不欺，坚贞要至死不二，履行忠贞保证，必须将其他政治团体的组织关系，完全交出，并断绝之。这个道理就好像金子内不能有搀铜，银子内不能搀锡一样，一有掺杂，就失掉了它的价值，你们今天履行忠贞保证，已表示出你们对组织整体忠贞的决心，希望你们严过忠贞生活，确遵忠贞纪律，不起一点不忠实不纯洁的念头，不做一点不忠实不纯洁的工作，切实自动自发地为组织效忠，为整体努力，使我们的革命任务，早日完成。”“忠贞同志，要负起维护整体的全责，今后那一部门，有人说了破坏整体的话，发了破坏整体的事，或有了破坏整体的革命表现，那一部门的忠贞同志，必须按连系办法报告我，如有不知或知道不报告者，定予严厉处分，并处分其保证人。”

为了使同志会的会员确实忠贞于整体，忠贞于事业，同志会还特别制定了《忠贞同志编组规定》与《忠贞同志连系办法》，通过

① 民族革命同志会临时执行部印：《同志会会员的修养问题》，1947年。山西省档案馆藏。

编组的方法督促忠贞同志严过忠贞生活，不按时报告过忠贞生活的连系者，按忠贞纪律议处。在忠贞保证的文件后附有严格的忠贞纪律：一、不断绝其他政治组织关系？处死。二、不严过忠贞生活，不按时报告连系？受组织决议之严厉处分。

从上述关于同志会忠贞保证的条例可以看出，同志会是以连系的办法强制其会员做到忠贞于组织，忠贞于其革命事业的，这种极端的“忠贞”是将儒家文化中的“恕道”发挥到了极致，儒家认为奉行“恕道”是通达“仁”的最佳途径，因此要想成“仁”，首先应该做到“忠恕”，亦即同志会所强调的“忠贞”。

同志会会员须杜绝不符合儒家道德规范的思想意识。

对于上述同志会基于儒家道德规范对同志会会员道德修养方面做出的种种规定，同志会会员难免存在各种与儒家道德规范相违的思想。

首先是人生观的模糊，甚或“没有人生观，他们直到现在，还有点马马虎虎，究竟这一生要做什么，什么是该做的事业，还未曾有个明确的确立”。“还在利不利上打圈子”，这种义利观与儒家“重义轻利，以义取利”的道德规范明显相违。

其次是“带着浓厚的个人主意和自私自利的思想意识”，表现为“个人第一，一切环绕着自己，把整体放在后面，他津津有味的争享受，争权利争地位争名誉在享受上他要和比自己强的人看齐，在工作上要和最落后的人开比例，一切成功的事情他企图独占，一切做坏的事情都没有他，甚至于他骂不自私的人是傻瓜，个人思想反映在多数人身上就成了小团体，他们完全是私人结合，互相包庇，互相吹嘘，集体对上级隐瞒。”可见，浓郁的个人主义表现为个人的自私自利，进而扩大到群体就成了小团体，这种自私自利的现象严重违背了儒家主张的“公无私”。儒家主张个体为群体服务，但这个群体必须是符合“道”的。当“道”可行时，个人应当为其献身，甚至“杀身成仁”；“己欲立而立人，己欲达而达人”（《论语·雍也》）、“己所不欲，勿施于人”（《论语·颜渊》）体现了儒家钟爱群体价值的趋向，依儒之见，没有个体，群体也无从谈起；没有群体，个体也无法显示和发挥其功能和作用。儒家群己观的精神实质是群体价值高于个体价值，个体只有在社会群体那里才能展现和实现自我存在的意义。因此，那种自私自利的思想意识对群体对自己都是极其不利的。所以，“利己之事可以做可以不做，则勿做；利人之事，可以做可以不做，则做。”①

“私心为人类之毛贼，非洗净不可。”②为了洗净革命干部们的私心，铲除其自私自利的不良思想，让他们以仁爱的心理去投身于革命事业，山西当局曾在《对乡宁解救工作干部讲话》中对“去自私求仁爱”做了特别强调，指出要“打破自私自利的习染”，因为“解救是人类的头等事业，也就是组织上的头等工作，这头等工作，须头等干部来担任。担任此等工作必具的条件，是革命的热情。革命的热情产生于仁爱的心理，仁爱的心理，就是同情心，大家要没有同情心的这种心理，那么你做解救工作。就没有了根源。”关于仁爱心理即同情心，山西当局又做了进一步的论述，认为这种源于仁爱的同情心很容易被自私自利的习染所遮住，所以告诫解救工作者一定要打破自私自利的习染。“同情心是人皆有的，不过有的是被习染

① 《阎锡山日记》，山西档案馆复制，2011 年。山西省档案馆藏。

② 《山西督军兼省长阎训言二十四条》，晋新书社代印：《阎督军讲话汇编》，1918—1919 年。山西省图书馆藏。

遮了。什么习染遮了？就是自私自利的习染，大家如要把自私自利的习染，费上力地把他打破，同情心一下就露出来了。”关于如何打破自私自利的习染？“就是要向进步的同志看齐，向进步的同志看齐，也不是凭空能的，必须要有耻不若人的内力，那耻不若人的内力，就是最大的勇气。”

此处所讲的“耻不若人的内力”其实就是儒家见贤思齐、自强不息的精神，即如“在中国儒家道理上”所说：“爱人的热情是仁，耻不若人的内力是勇，”《论语·宪问》中也说“仁者必有勇”。故“仁”“勇”就成为打破自私自利的两大利器。就拿五谷的生长过程来说“仁”和“勇”，“一颗谷子是仁，能把种子发出芽子，长成苗子结成穗子长成颗子是勇。五谷是有由子才能有收获之因，有颗子才能有收获之果。我们一个革命的干部，也是必须有革命的热情，才能有功成之因，必须有耻不若人的内力，才能有收获之果。至于革命的技术、革命的方法、革命的环境，那如同禾苗与太阳、水分、空气、土壤一样，那是自身以外的关系，固然是解救工作上少不得，但是你如果没有革命的热情与内力，有那些好技术，好方法，好环境也没有用处。”可见，革命成功与否，关键在于革命干部能不能打破自私自利的习染，有没有足够的革命热情和内力，即“仁”和“勇”。①

除了自私自利的思想意识外，同志会的某些会员还或多或少地存在着“自高自大意志脆弱”的不正确的思想意识。“这种人有浓厚的虚荣心，他好为人师，总想爬在别人的头上指挥别人，他一点也

① 《打破自私自利的习染》，《会长重要训话选辑》，1941年。山西省档案馆藏。

不虚心，别人指出他的错误时，他会动其火，表示不服。谈起工作来，好谈：‘过关斩将’，决不提‘败走麦城’。他受不起打击，不能委曲求全，在工作中如果成功，表现自满骄傲，如果失败他就灰心丧气，谈不到再接再厉，更谈不上百折不挠，他只能走运，不能倒霉，他不是能屈能伸的大丈夫，只是只能共安乐不能共患难的小人。他本领不大想当英雄，当这个英雄当不成时，他就灰心丧气，表示不满，甚至于要叛变。”子曰：“主忠信，无友不如己者，过则无惮改。”孔子主张为人处事要做到忠和信，没有不如自己的朋友，有了过错要敢于面对，勇于改正，要虚心学习每一个人的优点，弥补自己的不足，改正自己的错误。同志会会员中存在的自高自大、意志脆弱的思想，与孔子主张的虚心显然是格格不入的。

其次同志会中的革命干部在敌我之间“没有明确的立场”，只知道恨敌，却不知道如何对待自己的同志，不懂得以仁爱之心关心帮助自己的同志。有不少干部“不懂得爱同志”，“在同志间发生了不良倾向，他们不但漠不关心，并且要加以包庇，对上级也就谈不到诚恳坦白”，“有些人在这万分困难的条件下，他们贪污，浪费物资，向上级虚报假造冒领东西，严格地来说，都是把自己当成了敌人，他帮了倒忙，这就是立场的不明确。”①

儒家提倡的“仁”和墨家阐释的“兼爱”，无不折射着“宽以待人”的思想。孔子将“恕”归纳为儒家要义之一，劝说人们宽恕他人过错，包容他人缺点。同志会的某些革命干部缺乏宽以待人的精神，“没有伟大的度量，缺乏远大的眼光”，“这种干部表现的非常小

① 民族革命同志会临时执行部印：《同志会会员的修养问题》，1947年。山西省档案馆藏。

气，计较小事不识大体，他常常在鼻子底下的小事上斤斤计较，为了一针一线、住房吃饭的小事争论不休口，这种人没有勇气，他有了意见时，总是当面不说背后乱讲，对同志间的是是非非到处传播宣传，像蝙蝠一样，东倒西歪，两面三刃。”① 人常言：“宰相肚里能撑船”，说的就是大度的人能够成大事，“大丈夫不拘小节”，成大事的人要胸怀宽广、豁达大度，要看到他人的优点和长处，不要苟求其小节上的问题，而儒家的恕道也正有此意。

此外，同志会中还有一部分革命干部缺少民众观念，不懂得博爱众人，亦没有做到儒家所提倡的“仁爱”，“他以为吃公家饭的人，要比老百姓高出几倍，他忘记了自己是人民的公仆，于是乎，他在用群众的时候，总是不愿意说服动员，而只用命令强迫，甚至有些同志把人民献给国家的物资，拦腰窃取归为私有，自己生了气的时候，拿百姓作出气的对象，打骂并至，这些都是失却民心的致命伤，自己给自己掘坟墓。”② 在干部中还存在“事不关己高高挂起”，“你说你的我做我的”等等“自由主义思想”，“组织的决策，一旦交付给我们干部就行不通了，干部们本身对政策没有认识，他们认为政策与他没有关系，但他可以拿政策吓唬人民，而不能拿政策解决问题，最坏的干部是：不但不能推行政策，并且他本身还违反政策。”③

子曰：“谨而信，泛爱众，而亲仁。”（《论语·学而》）孔子教

① 民族革命同志会临时执行部印：《同志会会员的修养问题》，1947 年。山西省档案馆藏。

② 同上。

③ 同上。

导人们尤其是为政者要言行谨慎而诚信，广泛地关爱民众，并且亲近有仁德的人。上述认为事不关己高高挂起的干部们之所以会有这种错误的思想意识，就是没有明白孔子所教导的泛爱众的道理，于是对于那些与自己利益毫无关系的事情漠不关心。儒家主张人应当自我奋发，永不停息。《周易·乾卦·象传》言："天行健，君子以自强不息。"孟子曰："苦其心志，劳其筋骨，饿其体肤"（《孟子·告子下》），这些都是"自强不息"的写照。所以作为人民公仆的同志会革命干部要百折不挠，执着进取，须知"自古英雄多磨难"，"梅花香自苦寒来"，要努力成为人民忠实的服务者，做一个人民称赞爱戴的好干部。

对于以上各种有违儒家道德规范的错误的思想意识，同志会革命干部须拿来反省自己，检点自己的思想意识中有无此类不正确的想法，如果有则应坚决摒弃。"以上种种是目前在干部思想中存在着的各种不正确思想的举例，这些东西，应加以彻底的改造，这些脏东西，应毫不顾面子的公开出来，因为今天的不检讨，就是将来的大失败，我们应该立即展开思想斗争，和不正确的思想意识作不调和的斗争，我们每一个干部应该好好地拿这些问题来衡量一下自己，看看究竟有多少毛病，你就会大吃一惊，知道这个问题的严重性，现在已不是敷衍的时候了。"①

① 民族革命同志会临时执行部印：《同志会会员的修养问题》，1947 年。山西省档案馆藏。

六、同志经学补习会

同志经学补习会由山西第一师范学生刘缵绪等发起组织，其宗旨在于通过研习儒家经典阐扬儒家文化，该会的宣言如下：

> 闻之自课习经，为学者务本之事，曰若稽古，实儒生探源之功，盖五典三坟，帝皇之事备載，九邱八索，山泽之况悉陈，周易为数理之书，四圣之精义毕具，尚书乃政治之籍，三代之典型赖存，他如毛诗首著古时之国风，而草木鸟兽之名多识，戴礼分述盛世之仪节，而应对推进之规纂详，至若是是非非，春秋有一字之褒贬，原原本本，传记极异说之分歧，经籍之为书，如此之要，学子之从事，恶可或宽，乃现在校中，学章当遵，科学功课不少，教时有限，经学之讲求无多，旧班之生每周一授，新班之子，终岁莫传，青箱之竹策重重，所得有几，黄卷之牙签历历，欲探末由，将盲于心，适呿其口，嗟嗟前型罔识，漫讬名于青矜，古谊未明，直可号以白汉，且学者染翰，理必本乎群贤，儒生漱芳，辞尤存乎六艺，李峤之片笺片玉，皇甫之一字一缣。均有本源，宁徒枝叶，圣书不读，据理何从，师授未明，措辞孰赖，道听途说，尽归局于小巫，月露风云，徒见讥于大雅，同人等有见于此，爰创斯会……奔驹过隙，光阴虽不再回，亡羊补牢，经传可相补习，时取闲暇，不误正科，旨在考求，必蒙嘉允，聘良师升堂说法，面命耳提，集同人敬业乐群，心领神会，其或璞鼠见误，先向会员加研，倘有亥豕传讹，便求师保更

正，愚翁移山，徐徐以进，精卫填海，慢慢而求，庶几经传均明，得免作面墙之子，典诰共悉，不愧为闻道之儒，特此宣言用念同志。①

从同志经学补习会宣言可以看出，同志经学补习会成立之缘起在于，学习经学古籍为学生学习之根本，因为在四书五经等经典古籍中蕴含了古今之精义，对学生的人格塑造极其重要，但学生在学校所需学的科学功课较多，故而导致经学之学习时间有限，其所学到的经学要义也就寥寥无几，而同志经学补习会的设置正是为了弥补这一缺失，为学生学习经学提供一个很好的平台。鉴于此，同志经学补习会特聘良师讲学，学生可在"闲暇"时间，来此听课，以求心领神会，经传均明，不愧为闻道之儒。

同志经学补习会的设立对儒家经典的普及与儒家文化的弘扬确实起到了促进作用，儒家经典由此在学生中广为传阅，学生对儒家文化的了解也因之逐渐深入透彻，从而极大地促进了儒家文化在学界的发展。

① 《各地政教现况摘要》,《来复》1923 年第 275 期。

| 第五章 |

民国山西社会治理中的儒家文化

“统治阶级的思想在每一时代都是占统治地位的思想”[①]，历代君主都是用强大的政权权力推行其所需要的思想文化，孔子的儒家学说亦是因为受到君王的极力推崇才历久不衰。如王亚南所言：“不是中国人对孔子的学说特别有好感，而是中国的社会统治，特别需要孔子学说”[②]，统治者把握着精神生产的权力，他们用儒家思想生产出各种各样的观念，使民众安于现状、安贫乐道、不思反抗、心悦诚服地接受服从其统治。“他们从理念上构筑了一个宗法制家族与大一统国家紧密联系的社会形态，以子孝、妇从、父慈为理想定位的家庭关系，外延为民顺、臣忠、君仁这样一种国家社会模式。”[③]

---

① 中共中央马克思恩格斯列宁斯大林著作编译组：《马克思恩格斯全集》（第三卷）《德意志意识形态》，人民出版社，1965年版，第52页。

② 王亚南：《中国官僚政治研究》，中国社会科学出版社，2005年版，第62页。

③ 龚书铎、赵云田编：《中国社会通史》（清前期卷），山西教育出版社，1996年版，第335页。

如为实现“村村无讼家家有余”，民国时期山西执政者在乡村推行“村仁化”，主要倡导“父慈”“子孝”“兄爱”“弟敬”“夫义”“妻贤”“友信”“邻睦”，即是期望由此构建一种“民顺、臣忠、君仁”，处处讲公道的乡村社会模式。①

第一节　家长制与强化统治

一、家长制的维护与规范

翻阅儒家典籍，可以发现，儒家“和”的思想始终是以“礼”为基础的，儒家认为社会和谐的政治基础在于“礼”。“礼之用，和为贵。……知和而和，不以礼节之，亦不可行也。”（《论语·学而》）即把“和”理解为“礼”的一种实际运用。那么，什么是儒家的“礼”呢？荀子说：“礼者，贵贱有等，长幼有差，贫富轻重，皆有称（适当）者也。”由此可见，儒家的“礼”是为维护等级制度的和谐而产生，为维护等级制度的和谐而存在的。儒家理想中的和谐社会应当呈现出“君子务治，而小人务力”（《国语·鲁语》）的“礼治”局面。“礼”是儒家文化中最具标志性的内涵。“长幼之节，不可废也；君臣之义，如之何其废之？”（《论语·微子》）儒家从孔子开始，就主

① 山西省政府村政处：《山西村政旬刊》，第一卷第二十七期，1928年10月21日，第22页。

张“长幼之节”“君臣之义”不可废，“礼之用，和为贵。……知和而和，不以礼节之，亦不可行也”（《论语·学而》）。尽管儒家的“和”始终以“礼”为基础，“和”是“礼”的一种实际运用，但封建社会的“礼”却是一种不公平的等级制度。正如荀子所说：“礼者，贵贱有等，长幼有差，贫富轻重，皆有称（适当）者也”（《荀子·富国》）。荀子认为等级制度是天经地义的神圣存在，“两贵之不能相事，两贱之不能相使，是天数也”（《荀子·王制》），孔子也说：“贵贱无序，何以为国？”（《左传·昭公二十九年》），认为等级制度如遭破坏，国家和社会一天也存在不下去。如果没有等级制度，天下就会出现“争”和“乱”。为此，“古之圣者先王”，“恶其乱也，故制礼义以分之，使有贫富贵贱之等。”（《荀子·王训》）可见，在封建社会提倡“礼”的目的是为维护等级制度的和谐。

民国时期，山西执政者们将传统儒家的“礼”与《大学》中“齐家治国平天下”的经世思想相结合并加以改造用于治理山西社会，以实现社会的稳定与和谐。为了使山西民众从小学礼懂礼，长大之后以“礼”来齐家治国，山西执政者们在推行国民教育的同时，也不忘教导学生要懂礼行礼，使各家子弟长大之后成为有礼有教的有用之人。在《人民须知》中有谈及家庭教育的条文：“子弟从上学校时起，每日清早上学校，走的时候和从学校回来的时候，必先向父母兄长行一鞠躬礼；若是子弟离家出外或是父母离家出外，子弟送行必要行三鞠躬礼；又子弟出外回家，或是父母从外边回家，子弟必先行三鞠躬礼；这礼是人一生该守的，因为世界上齐家治国，全凭的一个礼字。行礼当该从父母身上行起，以外尊敬长者，敬爱朋友，同是见面，必要有礼，如早上问个早上好，晚上问个晚上好。”

山西执政者们试图用“礼”来维护家庭内部的和谐，在《家庭须知》中对家庭礼节做了详细的规定，把家庭礼节细化为以下几大礼节："父坐子立，兄先弟后，夫唱妇随，是秩序的礼节；逢祖宗的生日忌日，及年节，家中祭祀，是奉祖先的礼节；早晚问好，是早晚的礼节；子弟出必告于父母，回必面见父母，是出入的礼节；父母出外远行，或由外面回来的时候，子女媳妇，必要鞠躬接送，是接送的礼节；还有夫妻之间，虽然平等，也要有礼，古人说相敬如宾，是夫妻的礼节，把这些礼节合在一块说，就是家庭礼节。"所谓"父坐子立，兄先弟后，夫唱妇随"的秩序与礼节，其实就是儒家倡导的"三纲"中的"父为子纲，夫为妻纲"以及"长幼有序"的道德规范，但与儒家所倡导的用来维护封建等级制度的礼节所不同，民国山西执政者们倡导的礼节是一种建立在平等之上的礼节，如夫妻之间要在平等的基础上相敬如宾遵循夫妻的礼节。

为使"家庭的事情能够办得整整齐齐，不乱次序"，民国山西执政者们还在《家庭须知》中制定了家庭必须奉行的《家庭规则》，其中最要紧的八大规则："一是要和气，凡翻唇斗舌、争吵打骂等事，都得禁止；二要厚道，凡刻薄成家、残忍不仁等事，都得禁止；三要严肃，凡子弟自由自性、嫂叔戏言戏语等事，都得禁止；四要正直，凡男女混杂不清、朋友来往不正等事，都得禁止；五要勤谨，凡不早起、不做活等事，都得禁止；六要俭朴，凡胡花钱、乱借债等事，都得禁止；七要洁净，凡随便糟蹋、不干不净等事，都得禁止；八要安静，凡高呼大叫、举动粗暴等事，都得禁止。"民国山西执政者们在制定这八大规则的同时也考虑到了每个家庭有"人家户口多少也不同，富贵贫贱也不同"的特殊性，对于以上制定的这些规则，"应该照这和气厚道，严肃正直，勤谨俭朴，洁净安静八条，由做家长的，各家自定，定了规则以后，先从家长守起，家长犯了规则，自己不必打骂，总求各人把各人的良心发出芽来才好”。规则的制定最终是为了付诸实践，在家庭规则的具体贯彻落实中，民国山西执政者们让家长以身作则先行实践，修身正己方能去要求别人，而家长自身在努力实践家庭规则中则是要“致良知”，凭着自己的良心去规范自身的行为，尽力去遵守其制定的家庭规则。

二、强化地域统治

“求大同”具体体现为儒家大一统的思想，其中又饱含了儒家为实现天下一家的大同社会的政治理想，从孔子到董仲舒，无不为实现天下大一统的大同而努力着，广大民众对儒家文化的广泛认同，又为天下一统奠定了思想基础。儒家求大同的政治理想与一统天下的主张被民国山西执政者们在治晋过程中付诸实践，成功地在山西实现了权度之统一，创造性地实行了村区制这一行之有效的地方社会治理制度。

1. 统一权度

《礼记·中庸》“车同轨，书同文，行同伦”即为儒家大一统观念的出处，而这种大一统观念则根植于民众对儒家“天下一家”理念的深刻认同。这种认同，在文学上，表现为“四海之内，皆兄弟也”；在内政上，表现为官员自称“父母官”，将辖下民众称为“子民”；在中国历史上，即使是外来民族建立的政权，例如清朝，只要表示出对儒家文化的信仰和实践，就可以取得民众的认同，建立起稳固的统治。相反，那些敌视儒家文化的政权，例如元、太平天国等，都激起了中华民族的强烈抵抗，最终失败。这种仁民爱物、天下一家的儒家政治理想，成为天下大一统的前提，而统一度量衡则成为天下大一统之重要开端，民国山西执政者们为统一山西的度量衡，做出了统一权度的指示。

“权度即指度量衡三种而言，度以度长短，如尺丈等是；量以较多寡，如升斗等是；衡以权轻重，如秤戥等是。三者虽各异类，其为计数之器具则同，且各器尤有互相关联之点，譬如，命甲为度之准个，（或曰单位）自乘之得甲，即为面积之准个，再自乘得甲，即为立方体积之准个，任取体积之若干倍，即为量之准个，又任取量之准个之若干倍，所容某物之重，即为衡之准个，三者相互之间关系既如此其密切，故中外度量衡制度，咸以之为准绳焉。”由此可见，度权即度量衡，而度量衡三者之间又存在着密切的关系。[①]

“中国度量衡制，始见于虞书，曰同律度量衡，言三者均原于律也。班孟坚作汉书，发挥斯义云，衡量之准个，悉本黄钟六律，黄钟之长九十黍，以一黍为一分，十分为寸，十寸为尺，为度之准个，黄钟之容千二百黍为一龠，合龠为合，十合为升，为量之准个，以一龠一千二百黍之重为十二铢，两之为两，为衡之准个，汉晋迄清，代有因革，质文递嬗，大小各殊，非数语所能阐述，第就前清而言，其制仍本黄钟六律之说，以纵累百黍之尺，为今营造尺，即以尺为度之本位，此度与律之关系。量则以斗为本位，其容三百一十六立方寸，此量与度之关系。衡则以金类一立方寸之重为基本，如黄金一立方寸，重十六两八钱，银九两，红铜七两五钱，黄铜六两八钱

① 《阎督军在行政讲习所统一权度之讲话》，晋新书社代印：《阎督军讲话汇编》，1918—1919年。山西省图书馆藏。

之类，是此衡与度之关系。夫量与衡同出于度，而度实源于黍，黍之长短粗细，彼此不一，是以营造尺之标准，亦无一定。”[①]所以，度量衡最早源于虞书，据虞书所说三者同源于律，而在班固的《汉书》中，则认为度量衡同源于黍，度量衡之标准随着朝代的更替亦有所变化，但不可否定的是，量衡同出于度，而度则源于黍。以上便是民国山西执政者们对权度之旧制的认识与理解。

统一权度很有必要，这直接关系到人民的日常生活，关系到人们的道德修养以及地方的安定。“我国权度旧制，无一定标准，器具既如上述，于是积习相沿，视为固然，不知此项器具之不能统一，于人民道德及事业前途，影响均非浅鲜，如现在各处之度，较之旧定营造尺，有长数寸或短数寸者，其量与衡之差亦然，商民自为风气，大小轻重任人自便，狡猾者蒙其利，谨愿者受其害，诈伪百出，弊端日多，此权度不统一之，关系于道德者也，在昔交通不便，商务限于一隅，今则输轨往来，交易类繁，尚不熟悉商情，则买卖之间，往往因器具参差，致数量价格上，多所轇轕，而不公不平之问题，亦于是生证之。”中庸曰：“车同轨”；又云：“闭户造车，出门合辙”，盖言“辙有准规，尺有定长”。“假使人各异尺，即虽区区一车，亦难合辙，况在今日为事业竞争时代，凡百兴作，无不利用机械，而机械之零件，均有定程，敝旧则易之，不必临时始行配置也，设使尺之长度不齐，虽同扣之螺丝，而螺轴之大小不同，螺帽焉能随换，虽同等之枪支，而口径之大小不同，子弹焉能随添，故欲谋制造之精良，亦非先求长度之划一不可，此权度不统一之关系于实

① 《阎督军在行政讲习所统一权度之讲话》，晋新书社代印：《阎督军讲话汇编》，1918—1919年。山西省图书馆藏。

业者也，其他政治方面学术方面，无一不与权度极有关系，使非亟图统一，其不便曷可胜言。”①

我国统一权度之发端，远在 1901 年，当时清政府与各国订立条约，允许划一，宣统年间，农工商部厘定旧制，适值鼎革，未经实行。1915 年，政府乃将权度各项法令，陆续公布，规定中国权度分为两种：“甲为营造尺库平制，以营造尺，以尺为长度单位，以库平一两为重量单位，31.6 立方寸为一升为容量单位；乙为万国权度通制，以一公尺为长度单位，以一公斤为重量单位，一立方公寸为一公升为容量单位，此项甲乙两制之比较表。”②

表 5-1　营造尺库平制与万国权度通制比较

权度种类	长度单位	重量单位	容量单位
营造尺库平制	1 尺	1 两	31.6 立方寸（1 升）
万国权度通制	1 公尺	1 公斤	1 立方公寸（1 公升）

以后另发，惟前此权度比较，概从约数，而根据不确，出入遂多，自权度法公布以来，营造尺库平制，与万国权度通制，始有正确之比较，至万国权度通制，现在专用者，共有德奥法意等三十二国，兼用者有英美日俄等十国，我国即在兼用之列。

鉴于之前的中国权度没有得到根本统一，民国山西执政者们在山西提出了具体可行的统一权度的办法，而此办法在推行前必须要有“两种手续：一为制造，一为检定”。关于这两道手续的具体执

① 《阎督军在行政讲习所统一权度之讲话》，晋新书社代印：《阎督军讲话汇编》，1918—1919 年。山西省图书馆藏。

② 同上。

行，规定："在省城制造事项即由省公署招商承办，其制出之度量衡各器，须经检定与法定标准器相符，始行收买，发给城内民商使用，倘所制之尺秤升斗，较法定标准器或长或短，有大有小时，均须取缔，令其修改，或另造，总使与法定标准毫无差池为归，各县责由县公署招商承制，其检定收买各办法，一如省署，惟省城检定事项，可由省署检定所办理，各县须以技士为主任，再由县署委员帮办，在推行期间，发给民商各器，尺及五斤秤，人民每闾发给一个，商号每家发给一个，斗及五斤以上秤，人民每村发给一个商号一律全换，此事至推行以后，则制造检定各事，与前不同，在各县城以外，由区长在区署所在地，招致商工，特许制造，经区长检定后，准其售卖，各县城即归警佐办理。"[①] 为统一权度，民国时期的山西执政者们在山西首先统一制造并检定度量衡的器具，通过统一制造，统一检定，统一发放，最终使度量衡得到统一。

2. 村区制

中国是农业大国，统治政权的生命线来自农村。农村社会是整个社会的一个重要的组成部分，农村社会是否安定、有序对于整个社会和国家都有重大的影响。所以历来政府都十分重视对农村社会的治理，在管理的实践中产生了很多管理农村社会的制度体系。然而不同的制度对于农村社会的影响是不一样的。好的管理制度能够给农村社会带来安定、繁荣；相反，如果农村社会管理制度起不到其应有的作用，就会使农村社会陷入混乱之中。

---

① 《阎督军在行政讲习所统一权度之讲话》，晋新书社代印：《阎督军讲话汇编》，1918—1919年。山西省图书馆藏。

在中国两千多年的封建统治时期，甚至到民国时期，统治者们都在挖空心思地对“村民”们进行着管理。因为在那山高皇帝远、鞭长莫及的乡里，往往最容易发生颠覆性反叛。所以，乡村不管在哪个朝代哪个地方都是政局稳定的基础，对于民国时期的山西也是一样。

清末民初，山西农村的编制十分混乱，使得社会秩序的管理十分不便。据《山西通志》和各地方志记载，山西基层组织十分混乱，其具体组织形式和名称在山西各地各不相同，五花八门，有的都或保或里下辖甲；有的都或里下辖保、所或寨，保或所下辖甲；也有的都下辖里，里下辖甲，编制杂乱无序。随着政权的起伏跌宕，国家政权对基层社会的行政控制力逐渐减弱。

“村村治县，无不治县，县县治省，无不治省，省省治国，无不治国，为治，当由村始。”[①] 所以，欲恢复社会的正常秩序，首先应该从治理农村开始。为了更有效地治理和统治农村，民国初年，在山西农村社会实行了村区制，这一制度的实行也在客观上顺应了晚清以来的地方自治潮流。村区制在某种程度上就是传统保甲制在北方乡村地方社会延伸的具体典范，它虽然成为管理和束缚广大民众的一根重要绳索，但在乡村管理方面，村区制中的一些经验仍然值得后人借鉴。

保甲制和民国时期山西实行的村区制的目的虽各有所侧重，但通过对基层社会实行集权制的严密控制来维持农村社会安宁是二者共同的出发点。故而，村区制在某些具体编制管理方法上同保甲制

---

① 《阎锡山日记》，山西档案馆内部复制，2011 年。山西省档案馆藏。

相一致，从本质来看，二者都是要对乡村社会实行集权制的管理。然而，彼时山西之所以采取同保甲制如出一辙的村区制，是因为山西统治者历代受儒家大一统思想的影响，试图通过在基层社会建立集权制，来实现其所辖区域的大一统。换言之，儒家大一统思想使得山西实行的村区制成为传统封建专制社会所实行的保甲制的延伸和具体化，而这一思想也因此而成为山西乡村社会治理的指导思想。

保甲制度是传统中国对基层社会实行有效统治的政治管理体制，被历代统治者视为“治民之基”。作为一种军事化的基层治安制度，它的本质特征是以“户”（家庭）为社会组织的基本单位，并以此形成金字塔式的管理模式。

保甲制度原为封建君主专制体制下农村的基层政治管理体制，在中国有着漫长的历史。保甲制度的滥觞是周朝的乡里制度。“朋三为里，里五为邑”[①]，这是有关“里”的设置的最早记载，也被看作是乡里制度的起源。西周时，“国”“野”分区，又将野细分而治：“令五家为比，使之相保；五比为闾，使之相受；五闾为族，使之相葬；五族为党，使之相救；五党为州，使之相赒；五州为乡，使之相宾。”[②]又“五家为邻，五邻为里，四里为酂，五酂为鄙，五鄙为县，五县为遂，皆有地域，沟树之。”[③]“畿内之民，十家为保”，[④]至此，乡里制度已颇具体系。

① ［宋］马端临：《文献通考》卷12，《职役一》，历代乡党版籍职役。

② ［清］孙诒让：《周礼正义》卷19，《地官·大司徒》。

③ ［清］孙诒让：《周礼正义》卷19，《地官·遂人》。

④ 同①。

春秋战国时期，乡里制度初步定型。诸侯们所实行的“五家为伍，伍为之长；什伍为里，里置有司”[①] 的什伍制，为后世保甲制度的推行奠定了操作技术上的基础。但是，直到商鞅变法实行“什伍连坐”制，保甲制度才基本具有近代意义上的保甲之实。《汉书·百官志》记载：“里有里魁，民有什伍，善恶以告。”商鞅变法将管仲的什伍制传承光大，实行“什伍连坐制”。商鞅实行的什伍连坐制是最早的较完整的保甲体系。在此后的一千二百多年的历史长河里，乡里制度又经历了名称、体制上的不断变换与更替，直到 1070 年，经过北宋王安石的熙宁变法，保甲制度才名副其实。

1070 年，王安石提出了十户为一保，五保为一大保，十大保为一都保的保甲法，其主要做法是：“凡十家为一保，选主户有才干、心力者一人为保长；五十家为一大保，选主户最有心力及物产最高者一人为大保长；十大保为一都保，仍选主户最有行止、材勇为众所伏者二人为都、副保正。”[②]“应主、客两丁以上选一人为保丁……两丁以上有余丁而壮勇者亦附之……是农民半为兵也。”[③]

到了元朝时，又出现了“甲”，以二十户为一甲，设甲生。保甲制度在明清有较大发展，至清终于形成了十进位的与保甲制极为相似的“牌甲制”，以 10 户为 1 牌，10 牌为 1 甲，10 甲为 1 保，由此建立起了封建王朝对全国的严密控制。为达到“是以能制一人，以制千百人……能使一家以致治于千百家……制一人足以制一家，制

---

① 《鹖冠子·王鈇》。

② 《续资治通鉴长编》(卷 220)，中华书局，1997 年版，第 186 页。

③ 钱穆：《国史大纲》商务印书馆，1994 年 6 月版，第 78 页。

一家亦足以制一乡一邑”①，“清王朝着力于保甲制度的组织结构建设，严格按照牌、甲、保的十进制单位统一编排，使之成为基本整齐划一的社会控制组织”②，如下表③：

表 5-2 清朝部分县保甲编排表

地区	时间	户	牌	牌长	甲	甲长	保	保长
南宁县	1852	21232	2096	2096	209	209	20	20
浏阳县	1873	62334	6143	6143	611	611	121	121
清平县		3110	296	296	30	30		

民国初年，保甲制度曾一度被废弃，但20世纪30年代初，国民政府为了加强乡村的自卫力量，配合政府的军事“剿共”，又重新在基层社会编制保甲，作为统治和管理基层社会的政权组织。新县制实施后，国民政府把保甲融入地方自治，使保甲由自卫演化为自治组织。至新中国成立，此项制度宣告寿终正寝。

以上是保甲制度的发展简史，此外还需特别强调的是：民国初年，虽然受西方以个人为社会组织单位的政治观的影响，保甲制度被废弃。但地方实力派在自己所管辖的区域内，仍实行着与保甲相类似的制度，山西实行的村区制就是保甲制度在民国时期北方乡村地方社会延伸的典范。“山西督军兼省长阎伯川自前年兼任以来，力行民治，设立种种辅助机关，百端经营，至今颇著成效”，“又以地

① 闻钧天：《中国保甲制度》，1972年，第14页，转引自王先明：《中国近代社会文化史论》人民出版社，2000年版。

② 王先明：《中国近代社会文化史论》，人民出版社，2000年版，第26页。

③ Chow Tse-tsung, “The May-fourth Movement-Intellec-tual Revolution in Modern China”, Harvard University Press 1960. p.p28-31.

方制度之不完备，通令编制村制”。[①]

自1917年9月“不拘为军政界，为商学界，为农工界，凡有避害之事，均一扫而清之，其于人民有利益者，则提倡之不遗余力，故全省政治得耳目为之一新”。[②]为实现乡村自治，规定：“凡山西全省各县所属各村庄，均须遵照本省订定单行法，一律编制，以立自治基础”。并声称：“治民犹治军也，以师旅团营之众，苟无最下级什伍连排长，就近指挥而监督之，其何能军，即治民又何独不然，吾之村区制度，用意亦复如是。”[③]由此可见，虽然阎氏村区制是以村民自治为前提的，但其真实用意还是要像保甲制那样，对乡村社会实行一种军队化的什伍连坐式的管理，因此，无论是村区制还是保甲制，其实都是一种军事化的基层治安制度。

在编制方法上，村区制也与保甲制相类似，也是以“户”为基本单位对村民们进行编制的。村区制的具体编制方法如下：“一村之区域，即以本村固有之境界为准，遇有此村与彼村境界不明，应协议划分之，村内居民，凡足一百户者，应设村长一人，村副一人，其居民尤多者，得酌设村副，但所增员额，至多不得过四人，村民不足一百户者，得察度情形，或一村设一村长，或指定主村，联合邻村，设一村长，但联合村不可距离太远，村长受区长指挥，亦得商承县知事办事，村内居民，以二十五家为闾，设闾长一人，满五十家者，设闾长二人，户多者递加，冠以第一闾第二闾之

① 《纪山西之民政》，《申报》1919年2月23日。

② 《演说山西之政治》，《申报》1919年12月5日。

③ 《模范省村区制》，《申报》1922年2月21日。

数名。"[①]

村设村公所作为村政的执行机构。村公所一般由7人组成，设有村长副及间长等职。村公所进行村务决策时实行合议制，"必须以合议制多数议决以执行"[②]，而执行实行分权制，由闾邻长互选数人，分司村款、保卫团、积谷、学务等各项事务。

此外，又有村民会议之设，作为村民行使自治权的最高机构，其职权主要包括选举村长副及其他村组织人员；议定和修改村禁约；议决上级政府交办的事项和村长副、村监察委员会以及村民提交的事项；等等。村民会议的运行机制是"或一家出一人，或依成年男子，全数到会。何项事件必须村民会议通过才行，何项事件由村长副闾邻长议定就算，以及会议时如何取决，均听各村先这些内容自定办法"。"该县定例，凡村人程度不能够到开会者，不准开会。"[③]可以说，村公所及村民会议的建立体现了一定程度的直接民主精神。

关于区制，区的划分主要是"将全省各县分作若干区，其一定次序，如城内为第一区，则二区三区以至六区，即就东南西北，顺次而排，区名以数目定，不以地名定，取其醒豁而使考查"。[④]区的管理则主要是由各县的区公所来负责。"每县以三区至六区为率派员专理，划区事务，区设区公所，设区长一人（此项区长须由区行政讲习所毕业后由省长派委）助理员三人，区警六人，区长以承受知

---

① 《模范省村区制》,《申报》1922年2月21日。

② 山西村政处 :《山西村政汇编》1928年版，卷5,《告谕》第33页、卷4,《办法》第47页。

③ 同上。

④ 同①。

事命令督饬所管区内村长副办理调查登记各种行政事项为职务。”[①]

各区设有一种区务会议，是区内的主要议事机构和传达上级命令的途径，“由区长召集所属各街村长行之，议事范围为：（一）关于区内行政进行之程序，（二）关于区内共同事项合作之规则，（三）关于区内特别情形变通之方法。”区务会议“每年举行常会二次，第一次三月，第二次九月，常会五日，临时会二日，区长区助理员，由选举法选出之，区长须赴省练习六个月，区助理员须赴省练习三个月，区警由县知事保送，以高小毕业学生为合格，须赴省练习四个月，凡省署举行一新政，即以区为宣传执行之机关，是为山西阎锡山氏特设区制之大概。”[②]

除设立村公所、村民会议和区公所、区务会议外，还设有监察委员会，这是当时一个有特色的组织，设监察员5—7人，由村民会议选举产生，其职权为专门监察村政人员的行为是否奉公守法，可以说是一种权力制约机构。此外，村区制机构还有息讼会（负责调解村民诉讼）、保卫团（维护治安）、学董会（负责全村教育）等。

综观村区制所采取的种种办法，“阎氏之尽心民政，已可见一斑”。[③]村区制组织机构之健全，立法、行政、监察等机构之权责分明，在当时堪称一流。“山西村区制实施今已数年，全省如身臂指之联络，民国初元，市乡自治，仓促成立，当时所不能敢之功效，而村区制能之，议董会立法与执行相抗，当时所发现诸般故障，而村区制无之，”村区制的实行，的确使得当时山西的社会治安大有改

---

① 《纪山西之民政》，《申报》1919年2月23日。

② 同上。

③ 同上。

善。"自民国六年以逮于今，山西盗窃案减去十分之七八，得力于村区制之严重监视者半，得力于宣传员之剀切劝导者亦半，此晋人之公谕。"阎锡山也曾拿他所实行的村区制"自诩并翘于人曰：'用民政治'，又曰：'适时政治'殆指此类。其亦自承为过渡时代不得已之办法也欤"。[①]村区制的实行虽赋予村民们一定的自治权，但这种民主自治又会受到种种限制，最终使民主变得十分有限。

村区制实乃保甲制的延续且二者同缘于儒家大一统思想。尽管山西当局一再标榜其实行的村区制为"用民政治"，试图让乡村实行"自治"，并且为此建立了一系列自治机构，但从实际运行来看，"集权"色彩仍然很浓，村民自治的权利得不到法律保障，相反，受到强制干预的情形屡见不鲜。如无故不参加村民会议者要受到经济制裁等，充分反映出村区制的专制性，这一性质同保甲制度是一致的，可见，村区制在专制集权方面完全继承了保甲制，实乃保甲制的延续。

此外，有关资料也可证明村区制的民主自治的有限性，在晋北边境三县的27村的515名公务人员中，地主、富农433人，占84%；小商人及手工业者57人，占11%；自耕农25人，仅占5%。[②]自耕农（中农）是占农村绝大多数的劳动大众的代表，他们在村区制职务人员中所占的比例极低，且都是无关紧要的职务。通过以下对比，我们更能体会到村区制民主的有限性。

与山西的村区制相比，在同时期的广东所实行的自治，较山西之更为民主一些。据1919年2月《申报》报道："粤政府以民治主

① 《模范省村区制》，《申报》1922年2月21日。

② 范郁文：《晋北边境三县农民生活概观》，《新农村》，第24期，1935年5月。

义之能实现，端赖下级自治团体以为断，故于县自治条例颁布后，即着手起草区自治条例，其内容每县分作若干区，每区设参事会董事会，参事会为议决机关，会员二十人，由人民直接选举，董事会为执行机关，会员七人，由参事会互选，区参事会之决议，县长虽得令其更议，然该会亦可仍执前议，不受县长之命令，遇县长与该会争执时，由省长裁决，此外每区选民，对于参事会之议决，有取消权，对于该会员，有召还权，及提出议案，付总投票权，大致与县自治条例相仿，参事及董事五年一任，县长不得撤换，广东区自治大概如是。”

“山西区制略仿日本区村町制，广东区制略仿瑞士州制，前者为集权行政机关之办法，后者为极端之民治主义，此其稍有不同耳。”①由此看来，广东的自治同山西执政者所标榜的“自治”明显不同的是，广东所实行的自治是真正的自治，即通过设立参事会赋予县、区以最大的自治权，并通过赋予民众对参事会会员的直接选举权和召还权、对参事会决议之议决的取消权来实现真正意义上的民治；而阎氏的村区制则表现出更多的集权专制性，其真实目的同保甲制一样是要实现对乡村社会的严密控制。

总的来说，民国时期山西实行的村区制与以往历代尤其是明清两代实行的保甲制并无多少差别，都是通过建立自上而下的严密的基层网络来强化对民众、乡村的控制。保甲制与村区制在本质上都侧重于加强集权、强化政府对地方的控制，同时为吸取地方资源提供强有力的保障。由此可见，村区制实乃保甲制的延续且二者又同

① 《纪山西之民政》，《申报》1919 年 2 月 23 日。

源于儒家大一统思想。

村区制与保甲制之所以在本质上都侧重于加强中央集权，其主要原因在于其实行者及实行保甲制的历代统治者们都受到儒家大一统思想的影响。大一统思想是儒家一以贯之的思想主张，在《诗经·小雅·北山》中有“溥天之下，莫非王土；率土之滨，莫非王臣”，《左传》昭公七年也有“封略之地，何非君土？食土之毛，谁非君臣？”这与《诗经》所言之意相同。《论语》中，孔子主张“君子和而不同，小人同而不和”（《子路》）、“君子矜而不争”（《卫灵公》），有子主张“礼之用，和为贵，先王之道斯为美”（《学而》），子夏主张“君子敬而无失，与人恭而有礼，四海之内皆兄弟也”（《颜渊》），这些主张都是天下一体的观念。而根据《孟子》一书的说法，孔子作《春秋》的目的也是为国家的统一大业，《滕文公》下曰：春秋之世，“世道衰微，邪说暴行有作，臣弑其君者有之，子弑其父者有之。孔子惧，作《春秋》。《春秋》，天子之事也；是故孔子曰：‘知我者其惟《春秋》乎！罪我者其惟《春秋》乎！’”“孔子成《春秋》，而乱臣贼子惧。”这说明《春秋》中确实蕴涵着“大一统”的理念。自西汉“罢黜百家，独尊儒术”，儒家思想成为正统思想之后，历代封建统治者都受大一统思想的影响，实行中央集权制，对下层社会实行专制集权式的严密控制，而深受儒家传统文化影响在民国时期的山西同样采取这种集权制的村区制，对乡村社会实行严密的专制统治。

第二节　民国山西的吏治

一、严选

1. 因材任用与因材施教

民国山西统治者认为在官吏中“有两种官吏不能使人十分满意：（一）操守可信而不能办事者。（二）颇能办事而操守不甚可靠者。对于前者，现今时代，为官吏者，虽操守可信，然不能办事，仍属不行，鄙人欲原谅，值此时势，亦不能将就，对于后者，只好先加以警戒，俾其觉悟，去其靠不住者，务使湔除净尽，存其能办事之才具，务使尽其所长”，① 所以，主张任用能办事者，要因材任用，务使尽其所长。

《论语·为政》中有这么一段对话，哀公问曰：“何为则民服？”孔子对曰：“举直错诸枉，则民服；举枉错诸直，则民不服。”这段对话的大意是，鲁哀公问：“怎样才能使百姓服从呢？”孔子回答说：“把正直无私的人提拔起来，放在邪恶不正的人之上，老百姓就会服从了；把邪恶不正的人提拔起来，放在正直无私的人之上，老百姓就不会服从统治了。”

亲君子，远小人，这是孔子一贯的主张。在选用人才的问题上仍是如此。荐举贤才、选贤用能，这是孔子德治思想的重要组成部

① 《阎督军第二十九次为各知事人员等之讲演词》民国八年（1919 年）一月二十四日，《阎督军讲话汇编》，晋新书社代印，1918—1919 年。山西省图书馆藏。

分。宗法制度下的选官用吏，唯亲是举，非亲非故者即使再有才干，也不会被选用。孔子的这种用人思想在当时是比较先进的。“任人唯贤”的思想，在今天仍不失其珍贵的价值。

孔子曾经在对学生樊迟的讲话中进一步发挥了这一观点。孔子说，把正直的人提拔到不正直的人之上，能够使不正直的人也正直起来。樊迟不理解老师的话，就去请教同学子夏，子夏说，“这话的含义是非常深刻呀！比如说，舜帝有天下，在众人之中提拔了皋陶，那些不正直的人就难以得势了；商汤王有天下，在众人之中提拔了伊尹，那些不正直的人也就靠边站了。”从政治国离不了选拔任用干部，干部选得好，老百姓就拥护；选得不好，老百姓就反对。好与不好，标准是正直与否。

正如《礼记·礼运》中所言大同社会的标准之一，就是统治者在任用官吏中能够“选贤与能”。“录用人才，亦以事理是否明达，演说是否擅长，为取舍之标准。”[①]明事理的人就是贤明、正直、能干的人，这样的官员老百姓才会拥护，才能靠得住。官吏必须能宽恕、体谅别人，与人为善，因为“能恕人之短者，始能用人之长，知己之过者，使能体人之艰”，[②]“恕人之短”“体人之艰”亦即儒家所提倡的宽恕与仁爱。

民国山西执政者将孔子“因材施教”的教育方法运用到用人之道中，主张“因材任用”，“人尽其才”，根据对方的能力和意识进行工作分配和任命。“人如器，扇风者不可用以御寒，知此则不必责人

① 《阎锡山之南巡》，《申报》1921年2月26日。

② 《阎锡山日记》，山西档案馆内部复制，2011年。山西省档案馆藏。

之不能矣”。[①]所以要想在用人上做到“人尽其才”，首先要了解人的长处与短处，才能将其用到好处，用到合适的地方。人可以分为“智圆者”与“行方者”两种，这两种人各有利弊，具有不同的用处，“观察世人有智圆者，有行方者，惟智圆者行多不方，行方者智多不圆，故贵智圆而行方。办事应取行方者，主事应取智圆者。”[②]因此，民国山西执政者认为对于那些富有创新思维的人应该分配到对创新要求较高的策划部、开发部等，而对于思维呆板之人，则可以让他们从事一些不需要过多思考的工作。如此一来，就可以使人人有事干，并且人人能够干好事。

针对官员不同的能力和素质进行相应的工作安排和任用的同时，还“因材施教”根据不同的资质对官员进行相应的教育和指导，从而使官员自身价值得到最大的发挥。“首订各县佐治员试念规程五种，令各校毕业学生合格有志从政者，报名考试，录取千余人，入特设之政治研究所学习。学科分通习、专习两部，通习科目为精神讲话、用民政治纲要、注音字母、军警大意、公文程式、官吏服务令、行政执行法、违令问法、政治要义等，专习科目为该职员应需之法令知识及其职务权限责任等。学科教员由厅长道尹僚属学有专长者任之，体操教员由各旅长任之，一切部勒以军法，毕业后，开单通令全省各县知事，指名请委”，[③]经过专门的考核教育，官员的整体素质得到了提升。

为了丰富官员从政过程中所需的专业知识，使各路官员能够更

---

① 《阎锡山日记》，山西档案馆内部复制，2011 年。山西省档案馆藏。

② 同上。

③ 《模范省吏治》，《申报》1922 年 2 月 17 日。

好地胜任自己的本职工作，山西主政者曾在军署开设谈话会。“山西阎督军以近日官吏对农工商各界业务往往缺乏常识非以隔膜而动形扞格即因门外而弊窦业出，致使重要事项堕坏于冥冥之中，故拟在军署开设谈话会，专招老于农工商之有实验者，各一二人，输流讲话以期实际了解。昨特函知实业厅赵竺垣君，嘱其破格访求农工商各一人，其文略云近年官吏对于本国日用之常识，多有未能周知者，如农工商各业旧日之习惯，自然法即是实学，亦是实用，我国学校生徒于国内固有之农工商业不加研求已难免有识者之讥，若官吏而茫于此焉，则遇事将等于聋聩。即如工程本为政要，近年兴举事多建筑，尤繁乃询各机关人员，则云不习为工，无从判断所以受人欺蒙之弊生焉，又如整理各县纸币，近年屡经办理，迄无效果，实因政界知有未尽，故思想不恰合于商情事实，其他关于农业各事尤为民天所在不知稼穑艰难者，何能勤于民事？鄙人胸中积此种种感想，拟在军署开设谈话会，专招老于农工商之有实验者各一二人，输流讲话以期实际了解。凡我官吏固不必精以求之然，计书监督考验之知识，非具备不可而机关首领尤须有对于所属请示，能下可否之判断，常识如此方可扫清弊窦，不致使公事堕坏于无形，所有应行物色之农工商各一人，即由执事破格访求，每星期来署会话一次可也。”[①]可见，谈话会的主要功能是补充机关人员所欠缺的有关农工商各业的专业知识，只有官员们具备了相关的专业知识才可以对下属的请示做出正确的回复和指示，这样才可扫清弊窦，使公事不至于颓废。谈话会具体运作办法如报道所述，就是招聘在农工商各领

① 《晋军署创开农工商谈话会》,《申报》1919年8月29日。

域有实践经验的人，农工商各一人，具体由执事负责聘请，谈话会每星期召开一次，以谈话的方式来丰富官员们在农工商各领域的知识。其实，这是利用谈话的方式对官员们进行因材施教，所教的内容正是官员们在实际的工作中最需要的，也是最实用的。在谈话会上，机关人员可以各学所需，主管工程建筑的可以专门请教有关工程建筑方面的知识，这样一来就有效地做到了因材施教。

2. 相互制衡与“中”的哲学

在用人方面，山西政界互相之间有矛盾的人为其所用，使他们互相牵制。为了能有效地驾驭下属，执政者习惯于制造和利用下属之间的矛盾。常利用下属的地区不同、部门之别，扶植许多小派别组织。在文人之间，在军人内部，在 13 个高级干部之间，有意识地制造矛盾，形成对立面，让他们互相牵制，互相监督，争先向执政者邀功请赏。

在制造矛盾使其下属相互监督相互牵制的同时，彼时的执政者还要求下属在工作中要学会团结合作，在交付工作大会上，要求集体交付工作任务，“集体交付工作任务，在组织上是第一次举行，也就是说今天我们的环境，需要整个的集体的向工作目标努力，尤其是竞赛式的努力，所以要集体交付工作。”①

“阎氏于用人一层，尚特别注意，虽范围不免狭隘，而所取者多事理通达之人，其最注意之六政，则以政治实察员，巡回考查监督之，功效之最巨最显者，尤推改组县公署，暨养成佐治掾属之两事，改组县署之法，凡前清之幕友制，固一举而踣之，即民国县制之分设

① 《会长重要训话讲读》，1947 年。山西省档案馆藏。

内务，财务，教育，实业，四科各编制，事实上亦略予变通，而划设七部，曰承政，曰主计，曰承审，曰视学，曰宣讲，曰收发，曰实业技士，各部分一员，必拣学识经验者允之，承县知事之命，而分负其责任，并定一保障之法，非合山西单行章程县掾属任免条例者，不得黜免。"[①] 执政者之所以在每一职务之外设政治考察员，就是为了达到相互制约的效果，而职务内部也实现了分工，分负其责又相互制约监督。

二、严治

1. 必备责任心

民国山西执政者对山西的官员所提的第一个要求就是要有责任心，"今日最坏的弊病，是人多没有责任心。什么叫没有责任心呢？就是做什么的不负什么责任，坐官的不负办好政治的责任，办学校的不负办好学校的责任，当教习的不负教好学生的责任，当匠人的不负做好工艺的责任。所以现在公家的事，没有一件办好的。社会上的事，也没一件能做到好处的。比如盖房子，匠人均不负责任，主人要不懂的，这房子几年就倒了。这不负责任的人民，连一个稳固房子全盖不起，何能建设稳固的国和家呢？此后大家同要排斥那不负责任的官员士绅、百工匠艺，使社会上没有不负责任的工人，就不会有不结实的物件了，使社会上没有不负责任的官吏士绅，也就不会有不稳固的国和家了。""责任心，就是人的灵魂，没有责任

① 《模范省吏治》,《申报》1922 年 2 月 17 日。

心的人，就是没有灵魂了。”①

在告各部门干部的训话中，民国山西执政者对负责任做了特别强调，要求各部门干部要热心于政事，对各项工作要认真负责。

“所谓工作纪律，就是负什么责的，贻误了什么，应受什么惩罚。”②如果干部没有对自己的工作负责，就是不遵守工作纪律，就要受到相应的惩罚，正如《告县区村干部》中所言：“渎职罪，失职罪，贻误罪，就是工作纪律的法条。但工作纪律，不是强人所不能，县村奉到命令，能为者努力为之，这是忠贞，不能为者，竭力反映，并建议能为的办法，这更是忠贞。能为者不为，不能为者不反映，这就是不忠贞，不忠贞就是不负责。”可见，负责就是要忠贞于自己的工作，忠贞于上级的命令。“凡设一职，即有一责。任什么职，即有尽什么责的权能。上级要妨碍下级尽责的权能，即是上级的任性。政治上的任性，就是桀纣。什么是尽职的权能，就是有教育他会做，命令他实做的权能，违令罚法即是保障上级的命令权。有奖好惩坏的检举权，即是保障职权之实行。今后我们要坚决的认识：省的不够，是我的不够；部分的不够，是首脑部部分负责人的不够；区县区村全部的不够，是区县区村总负责人的不够；区县区村部分的不够，是区县区村部分负责人的不够。明责任，负责任，尽责任，执行工作纪律，在政治上说，是政治的轨道，在个人上说，是政治的人格。必如此，才是革命政治，才是革命干部。”③

儒家也主张做事应有责任心，孔子的“夫仁者，己欲立而立

① 阎锡山：《家庭须知 · 责任心》，六政考核处校印，1918 年。山西省档案馆藏。

② 《告各部门干部》，《会长重要训话选辑》，1941 年。山西省档案馆藏。

③ 同上。

人，己欲达而达人”（《论语·雍也》），孟子的“亲亲而仁民，仁民而爱物”，“君子之于物也，爱之而弗仁；于民也，仁之而弗亲”（《孟子·尽心上》）都是儒家关于责任心的经典论述。儒家的责任心表现在其倡导的博爱，曾子说：“士不可以不弘毅，任重而道远。仁以为己任，不亦重乎？死而后已，不亦远乎？”（《论语·泰伯》）世人君子正是以这种“鞠躬尽瘁，死而后已”的坚强不屈的刚毅勇气，克服在前进道路上的艰难险阻，责无旁贷地担负起经世济民的道义责任。此处的“道义责任”亦即民国山西执政者所强调的官员必备的“责任心”。

2. 遵“道”守“德”

民国山西执政者要求官员们一定要遵守基本的行为道德规范，要有组织有纪律，团结同志，形成良好的道德风气。“我们的干部一定造成什么事不做、什么事必做的风来，如日本的小学生考试时无一人偷阅课本的，那就是日本小学生考试的风，我们的干部一定做到不懦不懒不偷，建立起我们的风来。”[①]“公德为恶毒之提防，非坚固不可”，“公德薄弱之国，民不能有个好旅馆，况人群幸福乎。”[②]

作为管理阶层的官员们，其自身要有组织有纪律，民国山西执政者为此提出了“组织时代”这一概念。“组织时代，是对圣贤时代，英雄时代而言，组织是团力，圣贤、英雄统是个力。这就是说，组织时代，必须要表现团力，虽圣贤英雄，亦必须把他的力量溶化

① 《建风和提高工作效率的重要性》，《会长重要训话讲读》，1947 年。山西省档案馆藏。

② 《督军训话》，《家庭须知》，六政考核处校印，1919 年。山西省档案馆藏。

在团力之内，表现团力的圣贤，团力的英雄；不许表现他个力的圣贤，个力的英雄。组织的内容是个企图，组织的中心是个思想，也就是由思想发展成企图，由企图发展成组织。所以说组织就是拿上集体的力量，发展集体企图表现中心思想的个机体。此机体功能表现的对象是人类。整个的人类，是个人类体，人类体中有自然的个进化，他的进化，是人类幸福的发展，这个发展上需要至善最有效的一个顺利作为的给与。他这个需要，是不因客观人的主观思想而改变，也就是说，不能拿上人类对象的主观思想来给与他个什么作为，就算是个什么作为，他的需要是很自然的，必然的，单一的，而且是很明显的。这也就是说明这个需要是不容人武断的，朦胧的，假想的，且是谁也容易了解，谁也容易证实，拿上什么思想的作为来供给他这个需要，据此以言组织对象的人类的发展与顺利，需要什么样的思想构成的组织，是很单纯的很明显的。一个当时代的学者与青年，明白了此，批评组织就有了准绳，自己应当创造什么思想的组织？献身什么样思想的组织？自己就很容易决定。”从这段关于组织时代的论述中，可以得知，“个力”即个人要服从组织这个“团力”，也就是说官员们要服从整个管理组织，要遵守各项规章制度，要有“君子敬而无失，与人恭而有礼，四海之内皆兄弟也”（《论语·颜渊》）的团结互助精神，要有“不独亲其亲，不独子其子”（《礼记·礼运》）的无私奉献精神，而不是以自我为中心，以主观愿望来决定组织的思想。

3. 莫贪

阎锡山曾在其日记中写道：“钱财之于人，如水之于器，能承受若干之器，始能容若干之水，过量则放溢而不可收拾。”作为一名官员，更要对钱财有一个正确的认识，要使之有度，因为钱财的多寡会直接影响人的斗志。

《论语·子张》："君子爱财，取之有道"，但不是每一个人都是君子，亦即不是每一个人都能做到爱财有度，取之有道，所以在现实生活中往往总会出现一些嗜财如命的人，而在官场中则表现为贪官。民国山西执政者告诫手下的官僚们，一定要去掉贪，钱财名誉都是身外之物，一定不要贪财，不要贪图名誉，如果贪图这些就会成为一身之累，最终将会拖累自己。"人生本原都具着一个灵明，赤条条一身来到世上及至死时，灵明走了，仍然是赤条条一身而去，所以人在世上最要去的就是一个贪字，不贪才能不爱钱，而有信用做官的能将不爱钱三字做的透彻，就没有办不了之事，再贪字非仅指贪财而言，就是贪名誉贪道德，亦足为一身之累，今日所贡献于大家就是要去这一个贪字。"①

第三节　民国山西的用民政治

子曰："道千乘之国，敬事而言，节用而爱人，使民以时。"(《论语·学而》) 大意是：治理一个拥有一千辆兵车的国家（当时算中等国家），就要严谨认真地办理国家大事而又恪守信用，诚实无欺，节约财政开支而又爱护官吏臣僚，务使百姓不误农时。孔子强

① 《山西政闻纪》,《申报》1919 年 11 月 14 日。

调统治者要严肃认真地办理国家各方面事务，恪守信用；节约用度，爱护官吏；尤其要“使民以时”，在古代，粮食是国家的根本，老百姓多以种田为生，在使役老百姓时，既要考虑国家的利益，又要兼顾到老百姓的切身利益，强调要以不误农时为前提，此即儒家以民为本的思想，亦即治国安邦的基本点。

儒家文化中能够体现“民本”思想的论述还有很多，比如“民为贵，社稷次之，君为轻”。[①] 反映了孟子民贵君轻的民本思想，意即：把人民放在第一位，国家其次，君在最后。这是因为，有了人民，才需要建立国家；有了国家，才需要有个“君”。国家是为民众建立的，“君”的位置是为国家而设立的。“因民之所利而利之”（《论语·尧曰》），这是孔子的一个基本主张，他要求统治者务必关注民众的愿望和要求，尽可能满足民众的物质利益需要。因为在他看来，民众的财富和君主的财富，民众的利益和君主的利益从根本上说是一致的。

一、村民自治与统治力的加强

民国山西当局曾自诩其实行的村区制为“用民政治”，因为编制村区制的目的是“以立自治基础”[②]，实现村民自治。民国山西执政者主政山西之初，即以村本主义，编行村制，划定村界，在最初实行的五年里，“凡教育普及，实业整兴，户口编查，人事登记，以及

① 《孟子》第十四章第十四节。

② 《模范省村区制》，《申报》1922 年 2 月 21 日。

一切兴利除弊等事，得力于村制实多”；此后为村本政治由初步的官治提倡村制之时代，转向第二步的村民自办村政之时代，其大旨以“做好人有饭吃”期望人民，以“主张公道热心爱群”鼓励社会，欲达此目的“不但非普通之官治所能及”，“亦非形式之自治所能成”。因此，一方面，官吏本人要“好善”，“行己所不欲勿施于人之政”；另一方面，应使村制组织成为“有机活体”，“凡村中所能自了之事，即获有自了之权”，使“好人团结”足以自治，“遇变亦足以自防”。村本政治的具体措施有“整理村范”“开村民会议”“定村禁约”“立息讼会”“设保卫团”，其中“村范系官民协办之事，所谓用众推情者在此”，“其余四项则纯粹由人民自办之事，所谓村政自了者亦在此”。①

村治之根本在于“编村组织之良否”，县知事只有将自己辖区内的数十万人编为数十个合宜的村组织，才能进行有效的治理，否则要“治理数十万人很难”。所谓的编村之“良组织者”，指编村之大小距离合宜，村长副闾邻长等人能组成为一“活体”，“如人有首及心腹四肢之义，谁为村首，首者为其首，孰为村心，心者寄其心，谁作手足股肱，则使之为村长副之扶助，如此者则能成活体也，村长副虽规定为村选，然现在村民参政之历练幼稚，加之社会间失教又久，人心中爱人力量的种子未发芽，为公道负责任的心甚缺，盖村民选举，诚恐选出坏人做村长副，不徒无益，且有害之，知事区长不得不于过渡时代加之以提携监督，决不可使坏人充当村长副，此为根本不可忽也”。所谓“编村之大小合宜者”，是指“能负担村

① 山西村政处编：《山西村政汇编》卷一，1928 年 1 月，沈云龙主编：《近代中国史料丛刊》第 98 辑，第 4、7 页。

经费，而能办理村中应办之事也，过小村庄，应联合之，市镇应分治之”；编村之“距离合宜者”，是指“村长与村长副闾长交通往来，不致过于困难为主，但以担负经费论，编村愈大愈好，以距离论，编村愈少愈近，以上两者，背向之道也，是在知事与地方绅士斟酌得中也”。①

可见，在编村组织过程中，知事与地方绅士处理好编村之大小与距离这对矛盾，就可以编出便于治理的村组织，亦有助于实现民治。此外，为实行村民自治，每个编村内按事物之性质分别设有“村民会议”（规定全村一年中一切重要事务及选举办理村务各项人员）、“村公所”（办理全村执行事务）、“息讼会”（调解村民争讼事件）、“村监察委员会”（专司监察事务）这几大村民自治机构。②“民治之者，即人民有施政之活体组织”，若人民无此组织，“非特政治上如同无串之钱，散漫无纪，即以人民而论，弱受强欺，愚受智诈，寡受众暴，除向最不愿向之衙门求救，仰最不愿仰之劣绅土棍求指点外，别无他法”，“村无活体之组织，是好人无有机之团体，不只无民治之足云，并官治亦不足道”。作为编村内“施政之活体组织”，村民自治机构不仅为民治提供了合法的途径，而且也在很大程度上方便了官治，同时也对官员提出了更高的要求：

> 知事若不在村制上用全副心力，使能选得好村长副、闾邻长，以为递次之协助，永无彻底治理之望，且好政治

① 《山西整理村范之初步办法》，《申报》1922年7月24日。

② 山西村政处编：《山西村政汇编》卷一，1928年1月，沈云龙主编：《近代中国史料丛刊》第98辑，第23页。

亦是忽进忽退，好知事亦只徒劳无功，何则以一官不能管了数十万人民之事？至于整理办法，应“以简驭繁”，一村之中，人家虽多，但不在整理范围内者，当在百分之八九十，除此之外，一村百户之中，不过数十家是应整理者，为数至少，少则易办。昔云：“工欲善事，当先利器”，换句话说，“官欲办事，亦当先检查其帮手如何”。即官员在着手做事之前，应将帮助自己之人，检点检点其能力如何？知识够否？是否可靠？尤要注意警察及区警区助理员等，靠他们出去办事，不至除事办不了，反惹出恶声，致招反动。警区长巡官县佐等，为帮助县知事办事之最关紧要者，知事如欲办事，不只要他们能办事，还要他们热心帮助县知事做事，如不能办事的，可以禀请撤换，不肯热心做事的，是在知事推诚相与，予以一定之责任，给以一定时间之考察，助理员及警察区警等，不可靠者，固然要不得，当即更换之，可靠不会办事亦不行，当切实扼要教练，务使之成为知事办事之利器，是在知事督饬有方，考核有序，及警区长巡官等热心遴选训练之。总之，县知事欲彻底整理一县，非将全县官吏团成一体，使其均有锐进之欣幸心，才能不操切、不懈怠，而后可“持之以恒，行之以久”。[①]

从对县知事及其以下官吏的要求来看，无非就是要各级官吏遵

① 《山西整理村范之初步办法》，《申报》1922年7月24日。

循儒家文化所提倡的“忠”，县知事以下的官吏唯有忠于县知事的领导，忠于自己的本职工作，才能团成一体，怀着一颗热衷于整理村范的进取之心，持之以恒，才能将整理村范之事宜办好。

二、土地村公有

民国时期山西执政者实行的土地村公有是其用民政治的基础和前提，更是儒家所强调的以不误农时为前提的民本思想的典范。1935 年提出“土地村公有”的主张。土地过度集中而导致农民贫困，这是山西实行土地村公有的出发点。土地村公有首先是为了解决山西“农民之贫困，自耕农沦为半自耕农，半自耕农沦为佃农雇农，土地集中之趋势渐次形成，佃农雇农自耕农半自耕农之地位，日趋动摇”。[①] 土地集中导致农民地位低下，农民对政府的不满情绪就会日益增加，最终将会动摇统治者的统治地位。民国时期山西执政者在提出“土地村公有”时亦多次提到“共产党的厉害”：“共产党将私有土地拿来分给贫农，使贫农同情于他，成为拥护他的基本分子……以平分一切土地取得农民拥护为其革命手段”，所以，民国山西执政者实行土地村公有就是要借鉴共产党的做法，通过解决农民贫困的问题来争取民心，维护其在山西的统治，这也是其实行土地村公有的出发点。

民国时期山西执政者主张土地公有制的理由之二是为达“耕者

① 《东方杂志》1935 年第 32 卷第 21 号。

有其田”之旨。因为“佃租制度之恶劣，无田之耕农歉岁所分之粮少，不足以供食用，丰年所分之粮贱，不足以易所需，而借租息生活者不劳而获，翻比一般贫民无论丰年歉岁生活为优，土地私有实为其枷锁”。之所以会出现上述不公平的情况，就在于“地权集中于少数地主不亲耕种之手”，[①] 亦即“土地所有权的高度集中和土地使用权的极度分散”，导致“有地者不耕，耕种者无地”之矛盾现象[②]，根据当时山西省历年的农民比重情况，可以发现地权有逐渐转入地主之手的趋势，具体表现为佃农逐渐增多，而自耕农逐渐减少。

表 5–3　山西省各级农户比重及历年之变迁表[③]

农户别	1930 年	1931 年	1932 年	1933 年
自耕农	72%	61%	61%	60%
半自耕农	15%	20%	19%	22%
佃农	13%	19%	18%	18%

实行土地村公有是为“均地主之土地，而以地权归之耕者，”达到耕者有其田的目的，与孙中山三民主义之民生主义中的平均地权是相得益彰的。土地村公有遵循了孙中山所提倡的民生主义之两大原则：节制资本与平均地权。土地村公有之所以与孙中山三民主义中的民生主义如此相符，这与民国山西执政者所受到的三民主义的影响是分不开的。

---

① 《东方杂志》1935 年第 32 卷第 21 号。

② 沈志远：《新中国建设与土地改革》，中国建设协会：《中国建设月刊》第 2 卷，第 1 期，1946 年 4 月 1 日，第 16 页。

③ 同①。

土地村公有施行的第一步就是要将所有土地以发行无利公债的方式收买为村公有。至于公债如何发行？考虑到“村人对村中土地之亩数与肥瘠知之确实，故对土地之价值亦必能评之公道”，故公债由村发行，这样还可以“独不惧村人之上下其手，颠倒黑白”。

施行土地村公有的原则及办法，以“份地”为骨干；“份地”由收买而致，其收买者为田地，“宅地则暂不收买”，“村中山林、池沼、牧地等公用土地向属国省县村公有者”一律除外，（土地村公有办法大纲第十一条第十二条）。收买之款，则由发行无利公债为之（土地村公有办法第一条），公债分年还本之担保，则以产业保护税、不劳动税、利息所得税、劳动所得税充之（土地村公有办法第十条），这是关于土地收买之情况。“份地”之分配，则“以田地之性质不同，故有水旱肥瘠各划为份之规定”（土地村公有办法大纲第二条）；以人民耕作之年龄不同，故有 18 授田 58 还田之规定（土地村公有办法大纲第五条），以田地之分配，或不敷或有余也，故有另筹工作或移民耕种之规定（土地村公有办法大纲第四条）；以人口增加，土地改良，而情势有所变动，故有在适当时间将份地重行划分之规定（土地村公有办法大纲第十三条）；此即关于土地分配之情况。

“份地”之使用，则有个别耕作（土地村公有办法大纲第二条）、合伙耕作（土地村公有办法大纲第三条）、平均代耕（土地村公有办法第七条）以及雇耕之条件，为耕作力之减退，或田地之精密工作，或栽培特别费用之作物，担任雇农之种类，则有（甲）其他耕农之有暇力及余力者；（乙）十八岁以下五十八以上之男子；（丙）劳动年龄内之女子（土地村公有办法大纲第八条），份地使用权之取消；（1）未满耕作年龄，（2）死亡，（3）改业，（4）放弃耕作，（5）迁移，（6）犯罪之判决，惟田地之有效改良工作，应给予补偿金（土地村公有办法第五条第六条），凡此皆关于土地使用之情况。[①]

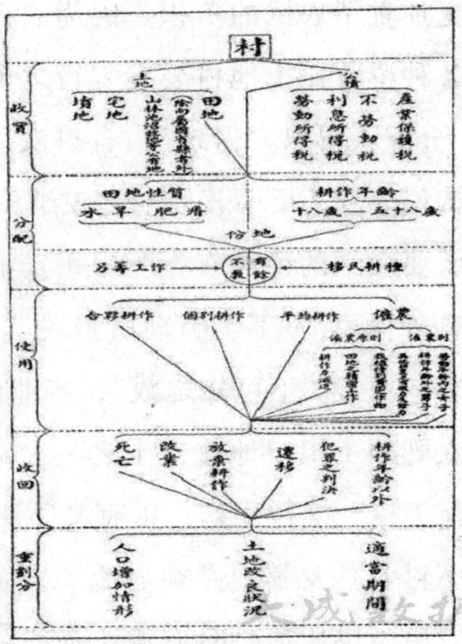

图 5-1　土地村公有的原则及办法

通过以上所述山西实现土地村公有目的和具体办法中所体现出的思想实质可以发现：土地村公有实行的指导思想与儒家的制民之产、不违农时的民本思想如出一辙。实行土地村公有的目的之一就是要“扶植自耕农免除大地主集中财产之弊”，同时也是为了克服“佃租制度”所产生的土地高度集中的弊端，把土地收归国有之后以“份地”的形式分配给人民进行耕种，从而保证了自耕农的生产资料，从这个意义上来说，山西的土地村公有很好地贯彻了儒家以民为本的民本思想。

综上所述，从土地村公有是要把土地收归公有后以“份地”的形式平均分配给农民耕种这个角度来看，土地村公有与三民主义中民生主义的内容及原则是一致的，但从实行土地村公有所要达到的最终目的来看，与儒家大同社会的构想基本一致。故而，土地村公有可谓是孙中山“三民主义”与儒家“大同思想”糅合的产物。

然而，土地村公有的实行并没有使农民的生活得到改善，反而

① 《东方杂志》1935 年第 32 卷第 21 号。

更加重了农民的负担。因为农民分到“份地”耕种后，所要缴纳的各种税收比土地村公有实行之前所要缴纳的田赋更加繁重，村区制“分配人民以‘份地’，自耕农以缴纳田赋，缴纳劳动所得税产业保护税等故，反不若以前之仅纳田赋负担较轻”，土地村公有规定农民所要缴纳的税种有：“(甲)产业保护税，(乙)不劳动税，(丙)利息所得税，(丁)劳动所得税”。其中不劳动税、利息所得税税入多寡，均为“不可知之数”，产业保护税及劳动所得税较为确定，但耕农既须负担田地收入十之一，又须负担动产不动产百分之一之产业保护税，推行之初，田赋又须照旧交纳，“试问农业经营除种子耕牛肥料农具及其他必须之流动资金外，能有几何收入供重税之取求”，农民不堪压迫，只有逃亡或铤而走险之途可走。至于中小地主，多依赖地租以为生活，“今以无利公债收买其土地，一俟还本之期届满，薄产已属之公家，前途之生活堪虞”，虽土地村公有的办法第十一条有“每年应得公债不足供生活者应由村另定抚养办法，老者至于死亡，少者至于成年”之规定，若“置产者为离村地主，将如何迎而抚养”，或“予以米粮及现金，是项抚养之资，责之于耕农，不将更增加耕农之负担”？①

再者，土地村公有将土地收归公有，农民对于土地只有使用权而没有所有权，这就无形中降低了农民耕种的积极性。因为“自耕农对于土地具有深厚之感情，绵密之爱力，耕耘施肥，保持地方，含辛茹苦，以谋产量之增加，品质之改善，不待奖劝而可达目的，及身虽不能受益，子孙当可受益，故以劳使，虽死无悔，因此而有

① 《东方杂志》1935年第32卷第21号。

人类继续不断之历史，民族悠久之生命"；"若耕地公有，劳己而利人，授田期届，剩余之利益自身且不能享，边恤其后，虽地上有价物可给予补偿金，然物质之报酬几何？精神之慰藉者又几何？人怀苟安之念，无复远大之思，社会前程，无复进步之可言"。[①]可见，土地归公有忽略了农民对于土地的深厚感情，结果造成了农民不思增加产量，不利于农民生产积极性和农业生产力的提高，终将影响农村社会的进步，同时也增加了自耕农的流动性，使得政府无暇管理，导致社会治安的不稳定。

"自耕农土著本乡，不轻移徙，安居定处，国家之所倚托，耕地公有则农人弃乡里，无所顾虑。"土地村公有导致自耕农可以无所顾虑地随便迁徙，这就给政府控制和管理农民造成了诸多不便。"田归村有，耕者不能自有其田，人与地之关系，日趋薄弱，孰为保守乡里？孰为捍御外侮？遇有危难，去之若涣，是真国家民族前途之极大危机也。"[②]可见，土地村公有所导致的人地分离、人口频繁流动，直接威胁到地方乃至国家民族的安危。

为了达到耕者有其田的目的，在1943年抗战期间，山西执政者还提出了兵农合一制度，来解决土地问题；山西执政者曾在克难坡针对当下实行的兵农合一政策，作了题为《兵农合一如百川之总汇于海》的训话："此次我们实行兵农合一，等于把家里堆的一堆钱，拿串子一串一串的穿起来，不只是好处理，而是好使用；也等于百川总汇于海。所以今后政治上的管理很好管理，并且我想大家也一定可以感到今后在努力上有了目标。已过我们所说的实行生活生产

① 《东方杂志》1935年第32卷第21号。

② 同上。

战斗合一，以及努力实现歌上的话，已过统好像是插门摸窗子的办法，今天实行了兵农合一，好像豁然开了一条大路，生活生产战斗合一以及努力实现歌上的话，统可以做到了。”“此次兵农合一实行了，不只是我们兵源上有了办法，可以说一切政治，军事，组织，教育，经济学，统要在兵农合一之下轻而易举地做了，奠定下根基，这就是说兵农合一等于手掌，组政军教经等于五个指头，手掌作了五个指头的根据，就可掌握运用，屈伸自如。我们深信将来一定会有许多意想不到的好处，一切复兴上的工作统有了着落。”

兵农合一制度，能将国防问题与土地问题并为一谈而处理，民族革命与社会革命熔为一炉而解决。实行兵农合一后，种地的人多，打仗的人多，种地的人好，打仗的人好，符合了孙中山耕者有其田的遗教与三民主义中平均地权的大旨。

三、“按劳分配”

在儒家心目中“大同”社会就是和谐社会，是儒家理想中的完美社会，儒家对大同社会的构想充分体现出儒家文化影响下的人们对“大同”的无限向往。“大同”社会这一概念，最早源自《礼记·礼运》:“大道之行也，天下为公……是谓大同。”《礼运》中描绘了一幅美好的“大同”社会蓝图：大同社会是一个“天下为公”的社会，在大同社会里有着和谐的人际关系，是一种富足公平的社会，和平宁静的社会，夜不闭户的社会等等。可以看出，“大同”社会是以“公”为基本特征，其中处处体现着儒家“和”的思想。到了清代，著名儒家学者康有为还写了《大同书》，就如何构建“大同”社会发表了自己的见解，其中关于“和”的思想的论述占了很大篇幅。由上可知，中国自古以来，始终有一个以“大同”为最高理想的传统，但是理想中的“大同”社会在古代中国从来都没有构建起来，始终是一个理想。正如毛泽东同志所说：“康有为写了《大同书》，他没有也不可能找到一条到达大同的路。”①

为了构建理想中天下为公的“大同社会”，也是为了配合土地村公有的主张，在山西实行了按劳分配政策。“生产资料是资，生活资料是产。资供生产，应归公有；产供生活，仍应私有。资本主义病在资私有，不病在产私有；共产主义不病在资公有，却病在产公有。按劳分配是资公有、产私有的社会制度，既利生产又利生活，是人类合理的社会制度。”②在河边村召集过一个扩大的理论研究会，将社会的两大病根定为“资私有”和“金代值”，并提出了资公有、产私有的按劳分配理论。

山西执政者认为按劳分配可以永久实行下去，说：“按劳分配的永久性，从竖说，由有人类始至无人类终；按劳分配的广大性，从横说，由一世界至大千世界，均应按劳分配，以美满人类之进化与幸福。已过不按劳分配，是已过的错误；将来不按劳分配，是将来的错误；这是一个人类的公共的思想。”“但思想为行动之母，是深微的，也是毫厘之差，千里之谬的；是不易对的，然还是不容错的，应当努力的先以推翻的心理攻克他，如攻而不克，推而不翻，则坚固的建立他，信仰他，作一个负担人类进化与幸福的忠实分子。若既不努力的攻克而推翻之，又不坚固的建立而信仰之，则在人类幸福的真理上，

① 毛泽东：《康有为的〈大同书〉》，《毛泽东早年读书生活》。

② 《“山西王”阎锡山》，《南方人物周刊》2010年7月2日。

进化的道路上，还是一个摇动份子，也是一个危险分子。诸生出校后，尚须不断地作推翻与建立工夫，推翻这个，建立他个；推不翻这个，就建立这个。推翻是建立的开始，建立是推翻的完成。”①

借用马克思主义中“他愿意接受的部分”，反对以金银为本位的货币制度，主张发行物产证券，收多少货发多少证券；反对资产私有、生息，主张资由公给，按劳分配。1932 年，在整顿金融业过程中开始发行“物产证券”。通过发行物产证券，实行按劳分配政策，在抗战爆发前的五年里，山西的经济得到长足发展。五年里累积的资本比 1932 年前十五年的总量还多；粮食和农副产品的产量也达到前所未有的水平。这段时期的经济成就很大程度上来自于按劳分配政策，山西经济的发展为山西抗战的胜利奠定了坚实的基础。

执政者发行物产证券，实行按劳分配政策，是受儒家公平正义思想主张的启发。儒家创始人孔子主张分配正义、社会公正，反对贫富过于悬殊，他指出：“不患寡而患不均，不患贫而患不安。盖均无贫，和无寡，安无倾。”（《论语・季氏》）这是孔子对冉求说的一番话，是针对春秋末期季孙氏等新贵之暴富而提出的，意思是说，各诸侯或大夫，不必着急自己的财富不多，而需要顾虑的是财富分配的不均，那会导致诸侯之国与大夫之家的颠覆。若是财富平均，消灭了贫穷，境内团结、平安、和睦，不仅不会倾危，而且会有远处的人来归服于你。可见，一个国家要想和谐，就必须在财富分配方面体现效率的同时兼顾公平，只有这样社会才会安定团结，而按劳分配政策就是根源于这个道理。

---

① 阎锡山：《按劳分配的永久性》，《阎伯川先生言论集》，1912—1938 年。山西省图书馆藏。

第四节　民国山西的法制

一、“道之以德，齐之以礼”的儒家思想

孟子提出“富贵不能淫，贫贱不能移，威武不能屈”，鼓舞人们追求坚定独立的人格尊严，不被任何财富所腐化，不受任何外力所威胁，这就为那些捍卫正义的人们提供了精神激励和支持。正是在这种精神的影响下，儒家一直以来都强调明辨义利，主张明理节欲，在中华文化的长期发展中，形成了以仁义礼智信为核心的传统道德规范。

在儒家道德规范的影响下，中国传统文化重视人的德性修养和意志锻炼，同时在政治上强调“道之以德，齐之以礼”，注重用道德礼俗实现对社会秩序的维护，反对以刑罚暴力管理社会；对外则强调“以德服人”，反对“以力服人”。

德治思想是儒家文化中最核心和最精髓的内容。子曰：“道之以政，齐之以刑，民免而无耻；道之以德，齐之以礼，有耻且格。”（《论语·为政》）孔子认为：用政令来治理百姓，用刑法来整顿社会，老百姓只求能免于犯罪受惩罚，却没有廉耻之心；而只有用道德引导百姓，用礼制去同化他们，百姓不仅会有羞耻之心，而且有归服之心。由孔子的观点可知，儒家强调德治的根本出发点是对人的尊重，是对人性的信赖。社会要想管理的好，就要通过用心教化，用每个人的内在道德来融合彼此间的关系，实现社会的安定有序，而不是用权力，用人为的法则通过刑罚来使人们服从管理，把人压缚在一起或者是维系在一起。

二、教化为先，刑罚为辅

为了规范山西乡村社会的道德规范，官吏们须采取适当的方法整理村范，“此次村范之整理，将来收效缓速，或最终成绩多寡，要当视进行之方法何如，盖整理村范之主旨，在排除社会上一切不良之坏人”。此处所言“坏人”指如下几类人：“（一）贩卖金丹洋烟者，（二）吃食金丹洋烟者，（三）窃娼者，（四）窝赌及赌博者，（五）窃盗者，（六）平素好与人斗殴及持刀行凶者，（七）壮年男子游手好闲者，（八）家庭有残忍情形者，（九）忤逆不孝者，（十）儿童失学者”，民国山西执政者强调在以上十种坏人中，应“尤注重于金丹洋烟之贩卖与吃食者”。一旦发现有金丹洋烟之贩卖与吃食者，知事应首先切实调查，经查属实者，应“集合村民，宣布办法，并令其家人亲朋等，均知此为使彼不正者改正的好机会”。民国山西执政者要求知事及那些金丹洋烟之贩卖与吃食的“嫌疑人”的家属们，要用爱人的心情去劝勉其改邪归正，而嫌疑人则要自爱，爱惜自己的身体及家人，努力归于正道，“你们看见那贩卖洋烟金丹的，家破人亡，吃食洋烟金丹的，卖妻卖子，你们不悲惨么，大家趁这时候，努力劝勉干涉，实在是爱人的道理，一家无坏人，家必兴，一村无坏事，村中子弟即不易习坏，这是爱人，亦即是自爱。”①

值得注意的是，整理村范进行之方法中列举的十项坏人中，如贩金丹吃烟赌博窃盗斗殴行凶等，明明构成刑事犯罪，民国山西执政者却“通指之为嫌疑人”，“嫌疑者”在“刑法上尚介乎有罪无罪之间者

① 《山西整理村范之进行方法》，《申报》1922 年 7 月 27 日。

也”，此种提法具有感化主义的色彩。[①]“感化主义”即对于犯罪之人采取以教化为先的办法，以唤起其心中的“善念”，即“仁爱”之心，因为在民国山西执政者看来，只有通过用心教化，用道德引导百姓，使每个人都能够从善，归于正途，才能实现社会的安定有序。

法律只是道德养成的一种辅助，而不能光靠法律来约束人，法律只起到暂时的表面的作用，而不能真正使人从内心深处认识到错误，认识不到自己有错就不会配合法律的实施，这是极其不利于管理的。关于禁烟问题，民国山西执政者指出：“以前我们用法律的裁判，不能不算不严，但愈严而瞒哄的弊病愈多，就以禁烟丹的事说吧，不特有关系的父兄家人决不肯说出，致他子弟犯法受罪。就是莫不相关的人，亦谁肯白白的把人报告，教人犯罪呢？”[②]“为官吏者，禁人为非，不若悯人为非。强人为善，不若助人为善。禁人为非人惧，悯人为非人感。强人为善人怨，助人为善人悦。果能以是心，行是政，自无不乐从之者。”[③]为了劝化那些贩卖及吸食毒品的嫌疑人，助其为善，1922年，民国山西执政者在山西成立了“拒土会”，“查知太谷中吗啡毒最甚，演讲吗啡弊害三日后，已成立拒土会，入会者一千五百人，每人担任劝化中毒者或贩卖者十人”，[④]“拒土会”的设立以及民国山西执政者为劝化犯罪嫌疑人所实行的种种措施，充分表明其在行政执法中对伦理教化手段的足够重视和充分肯定。

① 《山西整理村范之进行方法》，《申报》1922年7月27日。

② 《讲话》，山西村政处：《山西村政汇编》（太原）山西村政处1928版，第28页。

③ 《呈文》，山西村政处：《山西村政汇编》（太原）山西村政处1928版，第28页。

④ 《晋督之自治巡行》，《申报》1922年8月8日。

三、权、情、法的平衡用度

民国山西执政者强调在情与法之间平衡用度，“用众不可轻于用法，但舍了用法，众亦无从为用，妙在时机适宜。用法不可太早，太早则无人再敢报告。用法亦不可太迟，太迟则好人泄气。何为太早，即嫌疑人未尽查明，一般人民对于村范主义，尚未彻底了解，村间邻长，尚未尽到感化之责，长官急用重法惩办坏人之谓也。何为太迟，即村间邻长绅商学各界再三苦口劝诫，情已用尽，而坏人怙恶不悛，或反逞强抵抗，长官犹不重罚也。此中火候，丝毫不容差错。用心之官，当能见之。”①

“用法惩治坏人，当惩其坏人之尤者。惩治之后，应使众坏人均知之，使众好人亦均知之。众坏人知之，坏人气馁。众好人知之，好人气涨。用情与用法比较，用情占十之九，用法占十之一，先将用情九分力量费尽，而后用法，方能有效。若不用情而先用法，则不但坏人怨恨，即好人心理，亦不与己团结。虽从极坏之人入手，效力亦甚薄弱。总之，欲收惩一儆百刑期无刑之效，用情非费劲心力不可，用法非适合时机不可，惩治非择优不可，惩治之后，非善为宣传不可。前此之不用心，滥罚哑惩，皆不合于整理村范也。”②

因此，在整理村范过程中，将整理村范的精神置于“放开法律，注重人情”，争取做到“权、法、情”三位一体。这在息诉会等方面，也有体现。规定：息诉会采用村中选举讲公道的人先行调节村

① 《告谕》，山西村政处：《山西村政汇编》（太原）山西村政处 1928 年，第 8—9 页。
② 《告谕》，山西村政处：《山西村政汇编》（太原）山西村政处 1928 年，第 9 页。

民讼事，尽量通过伦理道德手段在农村社会内部先行解决。同时，也不堵塞村民用法之路，“公断后如有不服者，听其（指讼事的村民）自由起诉。”①

① 《法规》，山西村政处：《山西村政汇编》（太原）山西村政处 1928 年，第 7 页。

结　语

经历了近代的风风雨雨，儒家文化既具有传统历史积淀的相对稳定性与传承沿袭惯性，同时也有与时俱进的内在逻辑发展规律与自我完善机能，对山西儒家文化的变迁来说亦是如此。近代山西社会各方面的发展与传统儒家文化休戚相关。儒家文化在近代山西经历了一种不同以往，也不同于其他地区的特殊发展历程。晚清时期，在山西著名儒学文人及晋商的倡扬下，面临危机的儒家传统文化在山西得以复兴，在以北方文化为基础的晋北文化和具有河南农耕文化印记的晋南文化的共同影响下，传统儒家文化在山西发展演化成极具地域色彩的三大传统文化系统。

民国时期，儒家文化在山西社会治理过程中被广为推崇，主政者以儒家文化为指导思想，将儒家的伦理道德贯穿到社会治理的方方面面，为儒家文化在山西的真正复兴带来了契机。执政者的各种倡儒言行，使儒家文化在山西日益为广大民众所认识、了解、接受并付诸实践，进而使儒家文化在山西由高高在上的官方哲学转变为一种在广大社会民众中广为流传普及的社会文化，同时也为儒家文化本身增添了许多新鲜而通俗的内容。抗战时期，为了争取民心有效动员民众支持参与抗战，儒家文化又被广泛运用于各种宣传抗日的场合与言论中，试图基于民众对儒家文化的认同，唤起民心，团结民力，努力为守土抗战做准备。

为求得自身的发展，山西传统地方文化以及近代传入山西的外来文化，都对传统儒家文化做过不同程度的借鉴。西方文化在借鉴山西人思想深处固守着的传统儒家文化助其自身发展的同时，在客观上促进了儒家文化在山西社会各界尤其是民间的进一步传播，同时也为儒家文化的发展注入了新鲜的文化因子。由于上述种种缘由，儒家文化在近代山西社会的发展中表现出其独特的地域性与时代性，这一历史特性在某种意义上也为中国传统儒家文化的区域性特征增添了一丝新意，进而促使儒家文化在中国其他地区的社会治理与发展中更加发扬光大。因而，对儒家文化与近代山西社会的考察，的确有助于对整个中国传统儒家文化的近代化转型及其区域性与时代性特征的考察。

然而，正是由于近代山西社会各界对儒家文化的固守和运用，尽管这种固守在近代中国社会急剧转型时期，尤其是在近代外来新文化传入山西之初，难免会显露出一种以保守落后为主要特征的时代局限性，致使新文化在近代较为保守的山西社会所受到的各种基于文化传统的抵制远胜于中国其他地区，也正是由于这种空前绝后的阻力，促使外来文化不得不从文化传统心理这一深层次上来思考解决办法，经过各种尝试后发现，借助人们固守的儒家文化传统来阐释其观点主张，才是最行之有效、快捷的传播途径。与此同时，在各种外来思想文化的借鉴、影响下，儒家文化也在自觉不自觉地进行着自身内部结构的调整，最终将有利于其现代化的转型发展。

近代发生在山西的各种革命运动对儒家文化的发展或多或少地都产生过一定的影响，其中有积极促进的，也有消极阻碍的。总体而言，近代山西的儒家文化在历经各种革命运动的冲击影响之后，其发展不但没有中断，反而从这些社会运动中汲取了许多新鲜的养分，以至于在后来的发展过程中表现出更强大的生命力。尽管由于时代的更新发展，儒家文化中的一些伦理道德日益表现出一种滞后保守的局限性，但儒家文化中的那些经久不衰的传统文化精髓却一直被后人所继承和弘扬。

此外，儒家文化在近代山西社会治理中的种种实践经验，尤其是民国时期山西社会治理中采取的种种以儒家文化为指导思想的措施，为当今社会治理效能的提升提供了许多可资借鉴的宝贵历史经验财富。例如，民国时期山西当局根据儒家“有教无类”的公平思想改造而成的“公道”思想，在其治理山西社会期间，曾被无数次地证明其可行性。直到今日，这种“公道”思想依然可以作为社会治理的规范。一言以蔽之，儒家文化在近代山西社会治理与发展中以其独特的地域性与时代性，给近代中国传统儒家文化的发展注入了新鲜的血液，使得自晚清以来本已走入低谷、面临危机的传统儒家文化有了一定程度的现实意义上的发展，同时也对近代山西社会的稳定与发展形成至深且巨的影响。

参考文献

一、原始资料

（一）方志、档案及资料汇编及文集

1.（光绪）王轩，杨笃等:《山西通志》卷一三五，中华书局，1990 年版。

2. 山西省史志研究院编:《山西通志》，中华书局，1999 年版。

3.《中国地方志集成·山西府县志辑》，教育出版社，2005 年版。

4.《阎锡山日记》，山西档案馆内部复制，2011 年。山西档案馆藏。

5. 山西村政处:《山西村政汇编》，太原：山西村政处，1928 年。

6. 山西村政处:《六政三事汇编》，太原：山西村政处，1929 年。

7. 阎锡山:《人民须知》《家庭须知》，六政考核处校印，1918 年。

8. 民族革命同志会工作委员会刊印:《会长手写·取得民心》，1945 年 12 月。

9. 乔志强:《义和团在山西地区史料》，太原：山西人民出版社，1980 年。

10. 民族革命同志会临时执行部印:《同志会会员的修养问

题》，1947年。

11.《会长重要训话讲读》，1947年。

12.《阎伯川先生言论集》，1937年。

13.《阎伯川先生言论辑要》，1937年。

14.《阎伯川先生言论类编》，1912—1938年。

15.《阎督军讲话汇编》，晋新书社代印，1918—1919年。

16.《会长重要训话选辑》，1941年。山西省档案馆藏。

17.《阎伯川先生复兴言论集》，1945—1919年。山西省档案馆藏。

18. 阎伯川先生纪念会编:《民国阎伯川先生锡山年谱长编初稿》，台湾商务印书馆，1988年。

19. 张正明:《明清晋商资料选编》，太原：山西人民出版社，1989年版。

20.［英］李提摩太著，李宪堂，侯林莉译:《亲历晚清四十五年——李提摩太在华回忆录》，天津人民出版社，2005年版。

（二）报刊

1.《申报》《讲经公报》《传统文化——山西孔子学会会刊》

2.《孔教伦》《来复》《宗圣汇志》(《宗圣学报》)

二、外文资料

1. Chow Tse-tsung, "The May-fourth Movement-Intellec-tual

Revolution in Modern China", Harvard University Press 1960.

2. Mary clabaugh Wright, "The Last Of Conservatism", Stanford University Press, 1957.

3. Y. C. Wong, "Chinese intellectuals and the West, 1872-1949", The University of North Caroline Press, 1966.

三、学术著作

1. 杨伯峻:《论语译注》, 中华书局, 1980 年版。

2. 乔志强:《中国近代社会史》, 人民出版社, 1992 年版。

3. 姜林祥:《中国儒学史》广东教育出版社, 1998 年版。

4. 王先明:《中国近代社会文化史论》, 人民出版社, 2000 年版。

5. 刘存善:《山西辛亥革命史》, 山西人民出版社, 1991 年版。

6. 中共中央党校编写组编:《阎锡山评传》, 中共中央党校出版社, 1991 年版。

7. 张正明:《晋商兴衰史》, 太原: 山西古籍出版社, 1995 年版。

8. 葛贤慧:《商路漫漫五百年——晋商与传统文化》, 武汉: 华中理工大学出版社 1996 年版。

9. 穆雯英:《晋商史料研究》, 太原: 山西人民出版社, 2001 年版。

10. 山西财经学院科研处编:《山西票号研究集》, 1989 年版。

四、相关论文

1. 范郁文:《晋北边境三县农民生活概观》,《新农村》, 第24期, 1935年5月。

2. 张国祥:《试论山西辛亥革命》,《晋阳学刊》1981年第5期。

3. 师道刚:《晋商文化研究刍议》,《文史研究》1992年(1,2)。

4. 郭学旺:《阎锡山与传统儒学》,《晋阳学刊》1994年第4期。

5. 国英:《略谈阎锡山在山西的统治》,《山西师大学报(社会科学版)》1994年第3期。

6. 成新文:《阎锡山大同思想批判——兼评阎氏〈世界大同〉》,《晋阳学刊》1997年第1期。

7. 贺渊:《1912—1927年阎锡山治晋思想初探》,《近代史研究》1998年第1期。

8. 李润珍、武杰:《阎锡山的经济思想对山西近代经济的影响》,《沧桑》1998年第2期。

9. 成新文:《早年阎锡山的儒学情结》,《晋阳学刊》1999年第5期。

10. 李茂盛:《阎锡山在山西辛亥革命中的历史作用》,《山西广播电视大学学报》2000年第2期。

11. 朱英:《浅谈近代中国商人的义利观》,《光明日报》2000年11月17日。

12. 苏炜:《阎锡山对山西经济与文化的影响》,《山西广播电视大学学报》2000年第4期。

13. 陈开先:《孔子仁学思想及其现代意义》,《孔子研究》,2001年第2期。

14. 雒春普:《知人善任与相互制衡——阎锡山的用人之道》,《晋阳学刊》2001 年第 2 期。

15. 张奎胜:《诚信经营看晋商》,《北京经济了望》2002 第 11 期。

16. 刘建生，燕红忠:《晋商与传统文化》,《晋阳学刊》2002 年第 4 期。

17. 文道贵、邓正兵:《地方主义与阎锡山治晋》,《武汉理工大学学报(社会科学版)》2002 年第 6 期。

18. 王宇雄:《阎锡山“用民政治”浅释》,《山西高等学校社会科学学报》2002 年第 3 期。

19. 祖秋红:《“山西村治”所体现的文化问题》,《首都师范大学学报》2003 年增刊。

20. 田海林:《辛亥革命前后儒家文化的命运——对清末民初“尊孔读经”问题的考察》,《山东师范大学学报(人文社会科学版)》2003 第 2 期。

21. 潘福元:《儒家文化与中国现代化》,《湖北师范学院学报(哲学社会科学版)》2003 年第 1 期。

22. 陈国志:《儒家文化传统在我国现代化进程中的作用》,《福建省社会主义学院学报》2003 第 4 期。

23. 祝天智:《论儒学政治社会化危机与晚清政权衰败化》,《学海》, 2004 年第 2 期。

24.《民国祁县晋商档案资料(1942—1947)》,《山西档案》2004 年第 6 期。

25. 张卫波:《民国初期在华西人尊孔思想平议》,《安徽史学》, 2005 年第 1 期。

26. 马义平:《近代山西社会秩序再构与权威重塑——以民国初期山西新“村制”为例》,《华北水利水电学院学报(社科版)》2007年第4期。

27. 胡敏,廖述江:《“在三颗鸡蛋上跳舞”的山西“土皇帝”阎锡山》,《党史文苑》2007年第13期。

28. 魏晓燕:《晋商用人的管理借鉴》,《协商论坛》2007年,第17期。

29. 昝爱民:《论中国传统文化对阎锡山村政思想的影响》,《经济与社会发展》2008年5月。

30. 郭友亮:《论阎锡山“村治”改革的措施和成效》,《农业考古》2008年第3期。

后　记

此书是我的史学入门之作，在读硕士期间，受导师田海林教授的启发，结合从山西档案馆和山西省图书馆查阅到的相关史料，最终确定这一研究主题。在三年的硕士研究生学习阶段，我围绕近代山西的儒家文化从理论方法、史料解读、史实建构等方面进行了多角度的研究，从中发掘和提炼出不少长期被学界轻忽的与儒家文化相关的历史内容。

历史并不遥远，历史并不是远离现实生活的，而是浸透在我们生活之中，影响和制约着我们的未来。尤其是当代中国传统文化的传承与弘扬成为一个时代性焦点之后，中国历史上社会各界对传统文化倡扬的经验尤其值得借鉴。习近平指出："孔子创立的儒家学说以及在此基础上发展起来的儒家思想，对中华文明产生了深刻影响，是中国传统文化的重要组成部分。""研究孔子、研究儒学，是认识中国人的民族特性、认识当今中国人精神世界历史来由的一个重要途径。"所以，无论是对于从事地方基层工作的干部，还是对于关注中国传统文化与治国理政之关系的决策者，以及对于那些从更深层面上关注中国儒学历史发展进程和方向的学术界而言，对儒家文化与近代山西社会的发展历史及关系的梳理与总结，都是具有现实意义和理论意义的。

硕士毕业之后，我跟随王先明教授从事中国近代社会史研究，尤其关注现代化建设方面的问题。在博士期间及后来的研究过程中，我愈加深刻地意识到思想文化对国家现代化建设的重要性。如何从思想观念着手有效动员民众真正参与到国家建设与社会治理中？能否从中国传统文化中找到应对解决现实问题的答案？正如王先明教授所言："历史的实践和正在实践着的历史，会给予我们更富活力的真知！"我们常常惊讶地发现：许许多多我们正在经历的事实，在百年前我们祖辈的生活中有着似曾相识的情状，当面对这些有着"惊人的相似"的历史，我们有责任怀着敬畏的心情以历史学的方法警示世人：历史无可轻视！正如民心不可轻谩！

书稿出版在即，我要特别感谢硕士以及博士期间在资料和写作方面对我提供帮助的老师和同学们，老师对我的关心和教导，同学们对我的帮助让我感激不尽。特别感谢我的硕士生导师田海林教授，这一论题研究写作的每一环节，都离不开先生的细心指教。我的博士生导师王先明教授渊博的知识学养、严谨的治学态度、诲人不倦的高尚风格，让我受益匪浅，终生难忘。